MicroPython
en proyectos

Una introducción práctica a la programación
de microcontroladores

Beatriz Padín Romero
Adriana Dapena Janeiro

MicroPython
en proyectos

Una introducción práctica a la programación
de microcontroladores

Beatriz Padín Romero
Adriana Dapena Janeiro

MicroPython en proyectos
Una introducción práctica a la programación de microcontroladores

Ilustración de cubierta: Jotaká
Maquetación: Reverté-Aguilar, S.L.
Corrección: Haizea Beitia
Directora de producción: M.ª Rosa Castillo

A lo largo de este libro, los elementos de los circuitos —como el altavoz, el LED o la placa de pruebas— se han tomado de Fritzing o de Adafruit. Asimismo, se han empleado ilustraciones adaptadas o modificadas de placasESP32, Arduino Nano ESP32 y Raspberry Pi Pico con fines didácticos. Algunas de estas ilustraciones provienen de materiales licenciados por la Comunidad Arduino y por Raspberry Pi Ltd, disponibles en sus sitios web oficiales. Dichas ilustraciones se reproducen bajo licencia con la correspondiente atribución, sin que ello implique en ningún caso que la Comunidad Arduino o Raspberry Pi Ltd respalden este libro ni el uso que aquí se hace de los materiales.

Todas las imágenes han sido realizadas por las autoras; las figuras que se detallan a continuación incluyen componentes de varios creadores: Figura 3.7: Ilustración de Studiogstock, Freepik. Figura 5.1: Ilustración de Amir Ali - vecteezy.com. Figura 5.2: Ilustración de Sinisa Maric (Pixabay). Figura 6.1: Ilustración de Freepik. Figura 8.7: Ilustración de WarX (Wikimedia Commons). Figura 9.1: Ilustración del Departamento de Comunicación Global de las Naciones Unidas. Figura 9.2: Ilustración de pch.vector (Freepik) y bnielsen (Open Clipart). Figura 9.5: Ilustración de bnielsen (Open Clipart).

ISBN: 978-84-267-4118-9
D.L.: B 21716-2025

Impreso en Servicepoint
Printed in Spain

Libro ecológico
Impreso con papel procedente de bosques gestionados de manera eficiente, libre de cloro.

Antes de comenzar a leer este libro

En este libro se utiliza la tipografía `Courier` en los casos en los que se hace referencia a código o acciones por realizar en el ordenador, ya sea en un ejemplo o cuando se refiere a alguna función mencionada en el texto. También se usa para indicar menús de programas, teclas, URL, grupos de noticias o direcciones de correos electrónicos.

El código fuente de los ejemplos, así como todos los recursos didácticos y de programación que se utilizan en este libro, podrán descargarse a medida que se avanza en la lectura.

Estos recursos están disponibles en www.marcombo.info con el código **PYTHON26**.

Contenido

Prólogo

Vivimos un momento extraordinario para las tecnologías de la información y la comunicación (TIC): la informática y la inteligencia artificial contribuyen a resolver desde retos científicos hasta necesidades cotidianas. Una base esencial de este progreso es la programación, a menudo asociada a lenguajes populares como Python.

Este libro invita a explorar un territorio menos conocido, pero igual de estimulante: la programación de microcontroladores con MicroPython. Las autoras lo abordan con claridad y cercanía, y proponen proyectos que permiten aprender haciendo retos accesibles, útiles y conectados con problemas reales. La primera parte introduce MicroPython, los microcontroladores y el entorno de desarrollo: una rampa de lanzamiento idónea para quienes quieran iniciarse. La segunda parte presenta seis proyectos inspirados en necesidades reales —incluyendo algunos alineados con los Objetivos de Desarrollo Sostenible (ODS)— que animan a ponerse manos a la obra.

Beatriz Padín y Adriana Dapena cuentan con una sólida trayectoria en docencia y divulgación, y eso se nota en cada capítulo. Ojalá este libro, escrito por dos mujeres brillantes, contribuya también a despertar vocaciones y a reducir la brecha de género que persiste en el ámbito de las TIC.

Verónica Bolón Canedo
Profesora Titular de la Universidade da Coruña (UDC)
Investigadora del Centro de Investigación en TIC de la UDC
Académica Correspondiente de la Real Academia de Ciencias Exactas,
Físicas y Naturales de España

Al lector

El libro *MicroPython en proyectos. Una introducción práctica a la programación de microcontroladores* es un manual adecuado para cualquier persona con espíritu *maker* que se quiera introducir por su cuenta en la programación de microcontroladores usando el lenguaje MicroPython, y también puede ser utilizado por profesores y estudiantes de educación secundaria y universitaria en cursos de introducción a la programación o la electrónica.

Este libro ha sido escrito pensando en lectores con diferentes perfiles. Por un lado, puede ser usado para tener un primer contacto con la programación de dispositivos electrónicos: no es necesario haber trabajado con microcontroladores, pulsadores, resistencias o sensores, ya que su uso y las conexiones se explican desde cero. Ahora bien, sí se presuponen unos conocimientos básicos de programación, tales como saber qué es una variable, una estructura condicional o un bucle. Por otro lado, también está dedicado a aquellos que tienen experiencia en la programación de microcontroladores (Arduino, casi con total seguridad) y deseen conocer el lenguaje MicroPython y otras plataformas, como ESP32 y Raspberry Pi Pico.

Dado que se trata de un manual de introducción, empezaremos presentando el lenguaje MicroPython, el microcontrolador y el entorno de programación. El objetivo principal de los primeros capítulos es aprender a interactuar con la placa, por lo que no se utilizarán funciones relacionadas con el hardware. Una vez que conocemos las bases de MicroPython y nos manejamos con soltura en el entorno de programación, es el momento de pasar a los proyectos. Añadiremos dispositivos sencillos de conectar para analizar los cimientos del trabajo con microcontroladores: las señales analógicas y las digitales. Aunque no se incluyen cuestiones más avanzadas, como la conectividad wifi, la instalación de módulos externos o los protocolos de comunicación, lo trabajado servirá de punto de partida para afrontar proyectos más complejos.

Los proyectos del libro se pueden llevar a cabo con cualquiera de las placas ESP32, Arduino Nano ESP32 o Raspberry Pi Pico. Los programas han sido escritos de manera que el mismo código valga para las tres plataformas, aunque en algunos casos hay ligeras diferencias que se indican. Para mantener la compatibilidad entre los diferentes microcontroladores, no se ha incluido ninguna funcionalidad que sea específica de uno de ellos. Aunque todo el material que usaremos es barato y fácil de encontrar, si no se dispone del material se puede usar un simulador online –Wokwi– para llevar a cabo los proyectos (no es lo mismo, pero también vale). Ni siquiera hace falta un ordenador: desde el móvil se puede modificar el código o el montaje para probar cosas nuevas.

Todos los proyectos que se plantean a lo largo del libro tienen una utilidad concreta y están inspirados en una necesidad real. Cada secuencia de aprendizaje está diseñada para poder dar solución al reto planteado una vez finalizado el capítulo y, además, lo aprendido se puede modificar, ampliar y replicar en otros contextos. Basándonos en un enfoque de *learning by doing*, los nuevos conceptos se introducen secuencialmente a lo largo de cada capítulo y se apoyan en los trabajados con anterioridad. Este andamiaje posibilita que el aprendizaje se consolide gradual y eficazmente.

No se trata de un libro de "recetas" que simplemente se aplican para resolver un problema concreto; queremos que se entienda el porqué de lo que se está haciendo para poderlo aplicar en situaciones diferentes. El objetivo es ganar la suficiente confianza con los conceptos tratados como para ser capaces de contestar no solo la pregunta "¿Por qué se hace así?", sino también "¿Por qué no se puede hacer de esta manera?" y, sobre todo, "¿De qué otras maneras se puede hacer?". Por ello, aunque los conceptos teóricos se tratan sin entrar en cuestiones técnicas innecesarias, se incluyen explicaciones con cierta profundidad sobre el funcionamiento del hardware para establecer unos cimientos sólidos que permitan afrontar con seguridad conceptos más avanzados.

Este libro está basado en la extensa trayectoria didáctica –en enseñanza secundaria y universitaria– de las autoras, que ha sido reconocida con numerosos premios en innovación docente. En él están reflejadas muchas de nuestras experiencias, personales y profesionales. Es por ello que queremos mostrar nuestro agradecimiento a nuestras familias y compañeros, a los que están con nosotras y a los que se marcharon.

Esperamos que disfruten aprendiendo MicroPython y realizando los proyectos que hemos preparado. Y, cómo no, deseamos que este libro sirva para alimentar las ganas de conocer más sobre la programación de microcontroladores.

Las autoras,

Beatriz Padín Romero

Adriana Dapena Janeiro

CAPÍTULO 1
¿Qué es MicroPython?

La realización de un proyecto requiere conocer los detalles del lenguaje de programación que servirá para traducir lo que queremos hacer a instrucciones que, a su vez, se convertirán internamente a un lenguaje que "entiende" el microcontrolador.

En este libro hablaremos del lenguaje conocido como MicroPython que, basado en el popular lenguaje de programación Python, permite a los desarrolladores escribir código de forma rápida y sencilla, gracias a su sintaxis clara y a sus capacidades de alto nivel.

Un lenguaje de programación de alto nivel es un lenguaje muy abstracto diseñado para simplificar la programación. Oculta detalles como la gestión de memoria y el direccionamiento del hardware, lo que facilita la escritura y comprensión de código.

1.1 Un poco de historia

La historia de Python empieza a finales de los años 80 y tiene nombre propio: Guido van Rossum. Van Rossum nació y creció en los Países

Bajos, donde obtuvo su titulación universitaria en Matemáticas y Computación por la Universidad de Ámsterdam en 1982. A lo largo de su vida ha trabajado en empresas muy conocidas, como Google, Microsoft y Dropbox, y en varios centros de investigación, como el Centrum Wiskunde & Informatica, el National Institute of Standards and Technology y la Corporation for National Research Initiatives.

En las navidades de 1989, van Rossum decidió dar continuidad al lenguaje de programación ABC desarrollado en los años 70 en el Centrum Wiskunde & Informatica. Este lenguaje tenía la ventaja de ser fácil de usar y de aprender, lo que marcó las directrices del desarrollo de un nuevo lenguaje de programación al que van Rossum llamó Python, porque era un gran fan de *Monty Python's Flying Circus*.

Van Rossum es, por tanto, el autor principal de Python y continúa ejerciendo un rol central a la hora de decidir la dirección del lenguaje. En la comunidad de Python se le conoce como *Benevolent Dictator for Life*, título informal que se otorga a personas de la comunidad de desarrolladores de software de código abierto que tienen la tarea de asignar las directrices.

Un poco después, en el año 1991, apareció Python 0.9.0, la primera versión pública, que incluía características fundamentales como excepciones, funciones y los tipos de datos principales (listas, diccionarios, etc.). Tres años después apareció Python 1.0 con mejoras significativas, incluyendo módulos y una sintaxis más rica. Se empezaron a establecer los cimientos de la comunidad de desarrolladores y la documentación asociada a este nuevo lenguaje.

A partir de ahí vino la consolidación y el crecimiento. Desde 2000 hasta 2010 surgieron nuevas versiones, y Python ganó popularidad en la comunidad de desarrolladores y en la industria. También se incorporaron importantes librerías, como `NumPy`, para la computación científica.

En 2008 apareció Python 3.0, también conocido como Python 3000 o simplemente Python 3. Esta versión fue una reescritura significativa del lenguaje, con cambios incompatibles con versiones anteriores, para mejorar la consistencia y claridad. Entre otras funcionalidades, introdujo el manejo de recursos como conexiones de red, memoria, etc.

En esta historia, encontramos otro nombre propio: Damien George, un ingeniero y programador australiano que inició el proyecto MicroPython en 2009 con el objetivo de crear una implementación de Python 3.0 que pudiera ejecutarse en microcontroladores de recursos limitados. Para financiar la idea, lanzó una campaña en Kickstarter con la que recaudó más de 97 000 libras, lo que superó significativamente su objetivo inicial.

En septiembre de 2013, Damien George presentó MicroPython para la placa PyBoard durante la conferencia PyCon en Reino Unido, un evento anual centrado en Python. Dos años después, la Agencia Espacial Europea (ESA) se interesó en el desarrollo de MicroPython para implementarlo en sus investigaciones espaciales, por lo que decidió financiar el proyecto MicroPython on the Moon. Desde entonces se han incorporado nuevas características, optimizado el rendimiento y ampliado la compatibilidad con diversos microcontroladores populares, como Arduino, ESP8266, ESP32, Raspberry Pi Pico y BBC Micro Bit. Algunas de ellas no tienen todas las funciones disponibles, por lo que es conveniente hacer un estudio detallado antes de adquirirlas, pero de eso hablaremos en otro capítulo.

La comunidad de usuarios y desarrolladores ha desempeñado un papel fundamental en la evolución de MicroPython, contribuyendo con librerías, proyectos de código abierto y correcciones de errores. Su historia ilustra cómo una idea innovadora puede evolucionar hasta convertirse en una herramienta fundamental en el ámbito de la electrónica y la programación de microcontroladores.

A diferencia de Python, que es un lenguaje de programación de alto nivel utilizado para el desarrollo de software, MicroPython está diseñado específicamente para microcontroladores. Esto permite aprovechar el hecho de contar con un lenguaje potente como Python en sistemas con recursos limitados.

1.2 Los elementos del lenguaje

Antes de comenzar a crear nuestros proyectos, es importante que nos familiaricemos con aspectos clave de este lenguaje.

Variables y tipos de datos

MicroPython utiliza las mismas convenciones de variables y tipos de datos que Python estándar. Los tipos de datos incluyen enteros, cadenas, listas y muchos más. Se pueden declarar variables y asignarles valores sin indicar su tipo.

Estructuras de control

MicroPython admite estructuras de control como bucles e instrucciones condicionales. Los bucles `for` y `while` permiten iterar sobre listas y realizar acciones repetitivas. Las instrucciones condicionales `if`, `elif` y `else` permiten tomar decisiones en función de una condición.

Funciones

Las funciones son herramientas muy útiles para reutilizar código y mantener el programa organizado. Para definir una función en MicroPython se usa la palabra clave `def` seguida del nombre de la función. Luego se escriben los comandos que la función debe ejecutar y, generalmente, se utiliza `return` para devolver un valor a la llamada desde la función.

Librerías predefinidas

MicroPython incluye una variedad de librerías predefinidas que cubren una amplia gama de funciones y dispositivos. Estas librerías proporcionan funciones y clases que facilitan la interacción con sensores, actuadores, pantallas y otros componentes comunes. Por ejemplo, para nuestros proyectos será imprescindible utilizar la librería `machine`, que permite controlar pines y dispositivos externos. Para proyectos avanzados de IoT (del inglés *Internet of Things*) suele emplearse la librería `network`, que permite configurar conexiones de red y comunicarse con servicios web.

Las librerías se importan al principio del programa utilizando `import`. Algunas de ellas vienen ya instaladas y listas para ser importadas, pero otras tendremos que instalarlas con la herramienta que incorpora el entorno de programación.

Módulos personalizados

Además de las librerías predefinidas, podemos crear nuestros propios módulos personalizados que agrupan funciones y variables, lo que facilita su importación y uso en otros scripts. Pueden ser importados en otros scripts para reutilizar código. Por ejemplo, podemos crear un módulo que tenga funciones personalizadas para controlar un sensor específico y luego importarlo en otros proyectos utilizando `import`.

Depuración del código

La depuración y las pruebas son procesos esenciales en el desarrollo de un proyecto. En MicroPython, existen métodos y técnicas específicas para identificar errores y asegurarse de que su código funcione correctamente. La forma más sencilla de rastrear errores en el código es con la función `print`, que permite imprimir valores y mensajes en la consola durante la ejecución del programa.

1.3 Interactuar con el hardware

Una de las principales ventajas de MicroPython es su capacidad para interactuar directamente con el hardware del microcontrolador.

Control de pines GPIO

Los pines GPIO (del inglés *General Purpose Input/Output*) son fundamentales para la interacción con el hardware. Se pueden configurar pines como entradas o salidas y leer o escribir valores en ellos. Esto es esencial para controlar ledes, motores, sensores y otros dispositivos.

Comunicación con sensores y actuadores

La interacción con sensores y actuadores mediante la lectura y escritura de datos es bastante sencilla en MicroPython, ya que tiene funciones específicas para distintos protocolos de comunicación como UART, I2C o SPI.

UART (del inglés *Universal Asynchronous Receiver/Transmitter*) es un método de comunicación serie ampliamente utilizado para transmitir datos de manera asíncrona entre dispositivos. I2C (del inglés *Inter-Integrated Circuit*) y SPI (del inglés *Serial Peripheral Interface*) son otros protocolos de comunicación que MicroPython admite. I2C es más complejo que UART debido a su manejo de direcciones y señal de reloj, pero permite conectar múltiples dispositivos a través de una sola interfaz. SPI, por su parte, ofrece una comunicación más rápida, pero requiere más líneas de conexión.

Comunicación entre dispositivos

La capacidad de comunicarse con otros dispositivos y protocolos hace que MicroPython sea versátil y adecuado para una amplia gama de aplicaciones. Se pueden implementar soluciones de comunicación entre dispositivos, como la recopilación de datos de sensores y el envío a través de una conexión inalámbrica, como wifi. Para ello, necesitaremos incorporar librerías específicas para el protocolo de comunicación.

En resumen

MicroPython es un lenguaje de alto nivel diseñado específicamente para desarrollar aplicaciones en microcontroladores, con una sintaxis sencilla y fácil de aprender. Ofrece una amplia gama de funcionalidades para interactuar con dispositivos externos, además de compatibilidad con diversos protocolos de comunicación inalámbrica, lo que lo convierte en una herramienta ideal tanto para proyectos educativos como para aplicaciones profesionales. A lo largo de este libro, poco a poco, iremos viendo cómo empezar a aprovechar su potencial.

CAPÍTULO 2
Los microcontroladores

Un microcontrolador es un circuito integrado, generalmente colocado en una placa, que tiene los mismos bloques de funcionamiento básicos de un ordenador: una unidad central de proceso, memorias y líneas de entrada/salida para la conexión con dispositivos externos. Podríamos decir que es un ordenador de bolsillo.

En este capítulo veremos las principales características de las placas que utilizaremos para desarrollar los proyectos de este libro, así como muchos otros. Nos movemos en un entorno tecnológico en constante evolución, donde continuamente surgen nuevas alternativas, por lo que es importante buscar datos actualizados.

2.1 Las placas para MicroPython

Desde que Damien George presentó MicroPython para la placa llamada PyBoard, este lenguaje ha sido ampliamente adoptado en muchos sistemas. En este capítulo, hablaremos de las tres familias de microcontroladores más conocidas y compatibles con MicroPython: ESP32, Raspberry Pi Pico y Arduino.

ESP32

El ESP32 fue creado y desarrollado por Espressif Systems y es fabricado por Taiwan Semiconductor Manufacturing Company Limited (TSMC; también llamada Taiwan Semiconductor). Se trata del nombre que recibe una familia de chips caracterizados por su bajo coste y consumo de energía, que permite conexión dual a través de wifi y bluetooth. Hoy en día, es una opción muy popular para aplicaciones de IoT, automatización del hogar, redes de sensores y muchas más.

Nos centraremos en el ESP32 básico, a menudo llamado ESP32 DevKit o ESP32-WROOM-32, que es ideal para comenzar debido a su facilidad de uso y bajo precio. Sin embargo, existen otros modelos con mejores características para proyectos avanzados, como ESP32-WROVER, que tiene módulo con memoria adicional para el manejo de cámaras, o ESP32-C3, como opción de ultra bajo consumo, entre otros.

Raspberry Pi Pico

La Raspberry Pi Pico fue creada en 2012 por la Raspberry Pi Foundation, una organización sin fines de lucro con sede en el Reino Unido. Esta fundación es conocida por desarrollar una serie de sistemas de bajo precio, con el objetivo de promover la educación en informática y facilitar el acceso a la tecnología. El modelo Raspberry Pi Pico W, presentado en 2022, es una versión con conectividad wifi integrada y se espera que incluya bluetooth en futuras actualizaciones. Aunque en este libro no utilizaremos la conexión wifi y bluetooth, es aconsejable elegir una tarjeta que las incluya para no limitar el alcance de los proyectos que vayamos a realizar en el futuro.

Arduino

Arduino es una plataforma de hardware y software de código abierto diseñada para facilitar la creación de proyectos. De entre las diversas posibilidades que ofrece, tenemos la gama Nano, que agrupa placas compactas y versátiles, pensadas para proyectos que requieren espacio reducido sin sacrificar funcionalidad.

En 2023 se presentó la Arduino Nano ESP32, que incorpora el potente microcontrolador ESP32, lo que añade conectividad wifi y bluetooth a la gama Nano. Esta integración amplía significativamente las capacidades de desarrollo, y beneficia tanto a la comunidad de desarrolladores como a profesionales de la electrónica y el IoT. Al estar basada en ESP32, nos ofrece la posibilidad de programación en MicroPython.

Actualmente, para proyectos en MicroPython también podemos utilizar la Arduino Nano ESP32-S3, una placa similar a la Nano ESP32, pero basada en el microcontrolador ESP32-S3. Este modelo ofrece capacidades mejoradas para el procesamiento de algoritmos de inteligencia artificial, lo que la hace ideal para aplicaciones avanzadas como reconocimiento de voz, imagen o gestos.

Otra opción interesante es la Arduino Nano 33 BLE, que ofrece buenas características generales, conectividad bluetooth de bajo consumo y detección de movimiento gracias a su sensor integrado. Sin embargo, su potencia de procesamiento y memoria son más limitadas en comparación con otras placas como la Arduino Nano ESP32, lo que puede afectar su rendimiento en aplicaciones más exigentes o con algoritmos complejos.

2.2 Características generales

Veamos ahora los elementos básicos de los microcontroladores y de las placas.

El procesador

Comenzaremos con el procesador, el elemento central, responsable de ejecutar las instrucciones del programa y realizar las operaciones de cálculo necesarias para el funcionamiento del dispositivo. Existen diversos fabricantes y modelos de procesadores, pero siempre es importante conocer el número de núcleos (o, en inglés, *cores*) que posee. Los núcleos son unidades de procesamiento independientes dentro del sistema, capaces de ejecutar instrucciones de manera autónoma. Por ejemplo, un procesador *dual-core* tiene dos núcleos independientes.

Además, nos fijamos en la frecuencia de reloj del procesador, que está asociada con la velocidad a la que la unidad de procesamiento puede operar. Una frecuencia de reloj alta significa que el procesador puede realizar más operaciones por segundo, lo que generalmente mejora el rendimiento del sistema. Sin embargo, también puede aumentar el consumo de energía y el calor generado.

ESP32 (básico)	Procesador *dual-core* Xtensa LX6 (algunos modelos pueden tener un solo núcleo) de 32 bits. Frecuencia de reloj de hasta 240 MHz.
Raspberry Pi Pico W	Procesador *dual-core* ARM Cortex-M0+ de 32 bits. Frecuencia de reloj de hasta 133 MHz.

Arduino Nano ESP32	Basado en el microcontrolador ESP32-S3 de Espressif, con procesador *dual-core* Xtensa LX7 de 32 bits.
	Frecuencia de reloj de hasta 240 MHz.

Tabla 2.1 Características de los microcontroladores.

La memoria

El segundo elemento fundamental es la memoria, responsable del almacenamiento de datos y programas. Diferenciaremos entre dos tipos principales de memoria: la RAM (en inglés *Random Access Memory*) y la memoria *flash*.

La memoria RAM se utiliza para almacenar datos temporales y variables que el procesador necesita mientras ejecuta un programa. Específicamente, se emplea SRAM (del inglés *Static RAM*) en lugar de DRAM (del inglés *Dynamic RAM*) porque, aunque la SRAM tiene mayor precio, es mejor para manejar memorias de RAM pequeñas.

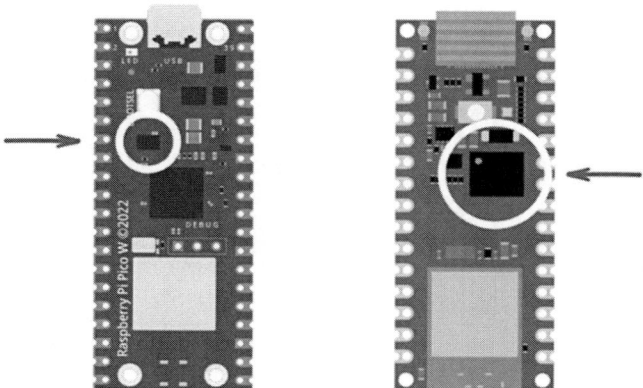

Figura 2.1 En el interior del círculo señalado con una flecha se puede ver la memoria *flash* de la Raspberry Pi Pico W (izquierda) y del Arduino Nano ESP32 (derecha).

Por otro lado, la memoria *flash* se encarga de almacenar el código del programa y los datos que deben persistir entre reinicios del sistema: datos que deben estar disponibles cada vez que se reinicie la placa (por ejemplo, las credenciales de la conexión wifi); estadísticas de uso de la placa (por ejemplo, cuántas veces se ha utilizado un determinado dispositivo), y el estado de ciertas variables (por ejemplo, la puntuación máxima alcanzada en un juego o los datos medidos por un sensor), entre otros.

ESP32 (básico)	RAM: 520 KB SRAM.
	Flash: Varía según el modelo, típicamente de 4 MB a 16 MB.
Raspberry Pi Pico W	RAM: 264 KB SRAM.
	Flash: 2 MB.
Arduino Nano ESP32	RAM: 512 KB SRAM.
	Flash: 16 MB (puede variar según el modelo).

Tabla 2.2 Características de las memorias.

La conectividad

Tanto wifi como bluetooth son tecnologías de conexión inalámbricas, pero tienen objetivos totalmente diferentes: el wifi se utiliza para poder conectar dispositivos a Internet, mientras que el bluetooth está pensado para conectar dispositivos entre sí. Existe la variante BLE diseñada para permitir conexiones eficientes con un consumo mínimo de energía.

ESP32 (básico)	wifi 802.11 b/g/n. Bluetooth 4.2 y BLE.
Raspberry Pi Pico W	wifi 802.11 b/g/n. Para conocer si bluetooth y BLE están disponibles, se recomienda consultar la web oficial.
Arduino Nano ESP32	wifi 802.11 b/g/n. Bluetooth 5.0 BLE.

Tabla 2.3 Características de conectividad.

Las interfaces de periféricos

El trabajo con microcontroladores implica interactuar con sensores, actuadores, memorias, pantallas y otros módulos externos. Nos interesará de forma muy especial conocer el número de pines GPIO (del inglés *General Purpose Input/Output*) porque estos pines permiten la conexión y control directo de una amplia variedad de dispositivos externos, proporcionando así flexibilidad en el diseño de sistemas embebidos.

Además, muchas placas incluyen canales ADC (del inglés *Analog-to-Digital Converter*) para la conversión de señales analógicas a digitales, lo que permite que el microcontrolador procese datos provenientes de sensores analógicos. El proceso inverso, realizado por el DAC (del inglés *Digital-to-Analog Converter*), no está incluido en todas las placas, pero es esencial para aplicaciones que requieren salida analógica.

Por otro lado, los protocolos más utilizados y que suelen estar presentes en todas las placas son los siguientes:

- Interfaces SPI (del inglés *Serial Peripheral Interface*): para la comunicación rápida con dispositivos como memorias, sensores y pantallas.
- Interfaces I2C (del inglés *Inter-Integrated Circuit*): para conectar múltiples dispositivos periféricos utilizando solo dos líneas de comunicación, lo que simplifica el diseño del hardware.
- Interfaces UART (del inglés *Universal Asynchronous Receiver/Transmitter*): para la comunicación serie.
- Interfaces PWM (en inglés *Pulse Width Modulation*): para el control preciso de actuadores como servomotores y el ajuste de brillo en ledes.
- Interfaces SDIO (del inglés *Secure Digital Input Output*): para la conexión con tarjetas SD y dispositivos de almacenamiento externo.
- Interfaces I2S (del inglés *Inter-IC Sound*): para la transmisión de audio digital entre dispositivos, utilizado en aplicaciones de procesamiento de audio.

ESP32 (básico)	Hasta 34 pines GPIO. Incluye ADC y DAC. Incluye interfaces SPI, I2C, UART, PWM, SDIO y I2S.
Raspberry Pi Pico W	26 pines GPIO. Incluye ADC, pero no incluye DAC. Incluye SPI, I2C, UART, PWM, SDIO y I2S.
Arduino Nano ESP32	Incluye ADC y DAC similares a los del ESP32 estándar. Incluye interfaces UART, I2C, SPI, PWM, y ADC.

Tabla 2.4 Características de pines, canales e interfaces.

El consumo de energía

Para concluir esta lista extensa, pero no exhaustiva, de características de las placas, nos centraremos en el consumo de energía, ya que tiene un impacto directo en la duración de la batería. Para comparar diferentes microcontroladores, analizaremos dos modos específicos: el modo de sueño profundo (en inglés *deep sleep*) y el modo activo con wifi o bluetooth activado.

El modo de sueño profundo es un estado de baja potencia en el que el microcontrolador reduce significativamente su consumo de energía. Es ideal para aplicaciones que requieren conservación de energía y no necesitan estar continuamente trabajando, como, por ejemplo, dispositivos IoT que solo envían datos periódicamente.

Por otro lado, el modo activo con wifi o bluetooth es utilizado cuando el microcontrolador necesita realizar operaciones complejas o comunicar datos de manera continua. Es crucial para aplicaciones que dependen de la conectividad en tiempo real, como dispositivos de monitorización en tiempo real.

ESP32 (básico)	Modo sueño profundo: ~10 µA.
	Modo activo (wifi/bluetooth activo): variable según uso.
Raspberry Pi Pico W	Modo sueño profundo: típicamente ~1.3 mA.
	Modo activo: ~20-25 mA.
Arduino Nano ESP32	Modo sueño profundo: similar al ESP32 estándar (~10 µA).
	Modo activo (wifi/bluetooth activo): variable según uso, similar al ESP32 estándar.

Tabla 2.5 Características del consumo de energía.

2.3 Los mapas de pines

El mapa de pines es una representación gráfica o tabla que muestra la disposición y función de cada pin. Es una herramienta esencial para crear nuestros proyectos, ya que proporciona información detallada sobre cómo se pueden utilizar los pines para diferentes propósitos. ¡No todos los pines tienen la misma funcionalidad!

La preparación de los circuitos de cada proyecto requiere conectar la placa con elementos externos como sensores o altavoces. En este libro, para representar estas conexiones, utilizaremos una representación genérica cuyos pines tendrán una función específica.

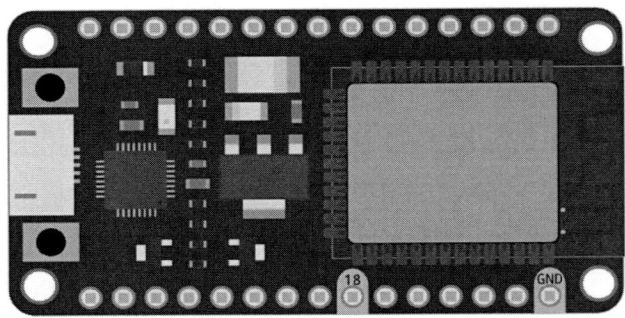

Figura 2.2 La placa genérica que usaremos como ayuda en los montajes de los proyectos. En el dibujo se indican los pines que se utilizarán, en este caso el GPIO18 y GND.

La situación de los pines es diferente en cada familia, por lo que vamos a ver los mapas de pines de los tres modelos que hemos presentado. Dado que la tecnología evoluciona rápidamente, siempre conviene consultar la documentación actualizada de la placa para asegurarnos de que el mapa de pines no haya cambiado.

ESP32

Comenzamos viendo el mapa de bits de la placa oficial de desarrollo de Espressif para el ESP32. Para ello, hemos consultado la documentación oficial disponible en https://docs.espressif.com/

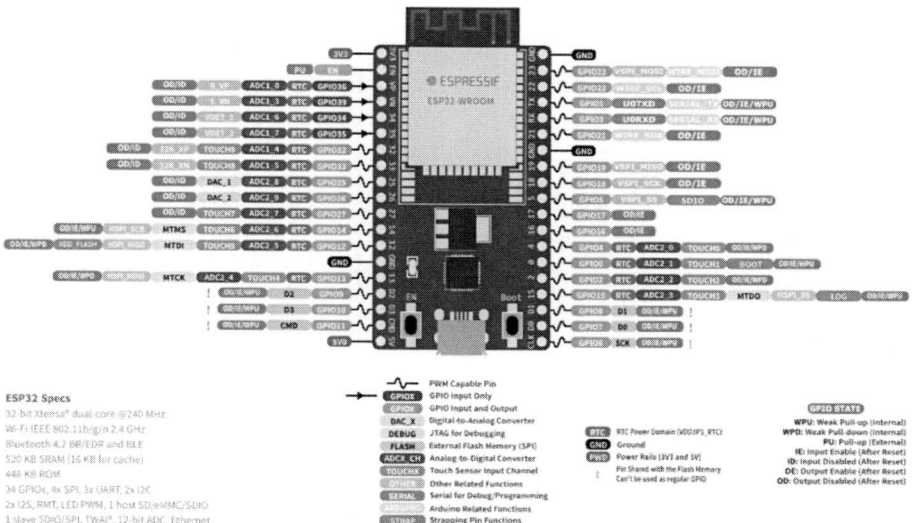

ESP32-DevKitC Pin Layout (click to enlarge)

Figura 2.3 Mapa de pines del ESP32 DevKitC. Fuente: https://docs.espressif.com/projects/esp-dev-kits/en/latest/esp32/esp32-devkitc/user_guide.html#functional-description

Esta placa tiene un total de 38 pines que pueden emplearse para realizar distintos tipos de conexiones. Por eso es importante ver cuáles

BEATRIZ PADÍN / ADRIANA DAPENA

son las etiquetas asociadas a cada uno y las limitaciones que indica la ficha técnica:

- Los pines GPIO 0, 2, 4, 5, 12 y 15 intervienen en la configuración durante el arranque. Así que hay que evitar utilizarlos en los proyectos.
- Los pines GPIO 34, 35, 36 y 39 no se pueden utilizar como salidas. Se pueden utilizar como entradas digitales o analógicas, o para otros propósitos.
- Los pines identificados como GPIO RTC están conectados al subsistema de bajo consumo.
- Los pines identificados como TOUCH permiten detectar la presencia y el contacto de un objeto, como un dedo humano, lo que los hace ideales para aplicaciones en interfaces táctiles y sensores de proximidad.
- El pin EN (del inglés *Enable*) controla el regulador 3V3. Tiene una resistencia *pull-up* que permite desactivar el regulador de 3.3V, por ejemplo, para reiniciar el ESP32.
- Los pines identificados como PWM pueden utilizarse para controlar motores y ledes digitales.
- Los pines identificados como ADC se utilizan para transformar una señal analógica en digital. Son de 12 bits, por lo que disponemos de 4096 (2^{12}) niveles discretos, lo que se traduce en una precisión de 0.8 mV.
- Los pines identificados DAC hacen el proceso inverso. Tienen una resolución de 8 bits. Los valores entre 0 y 255 se convierten en un voltaje analógico que va desde 0 hasta 3.3 V.
- Además, cuenta con pines para los protocolos UART, I2C y SPI.

Raspberry Pi Pico W

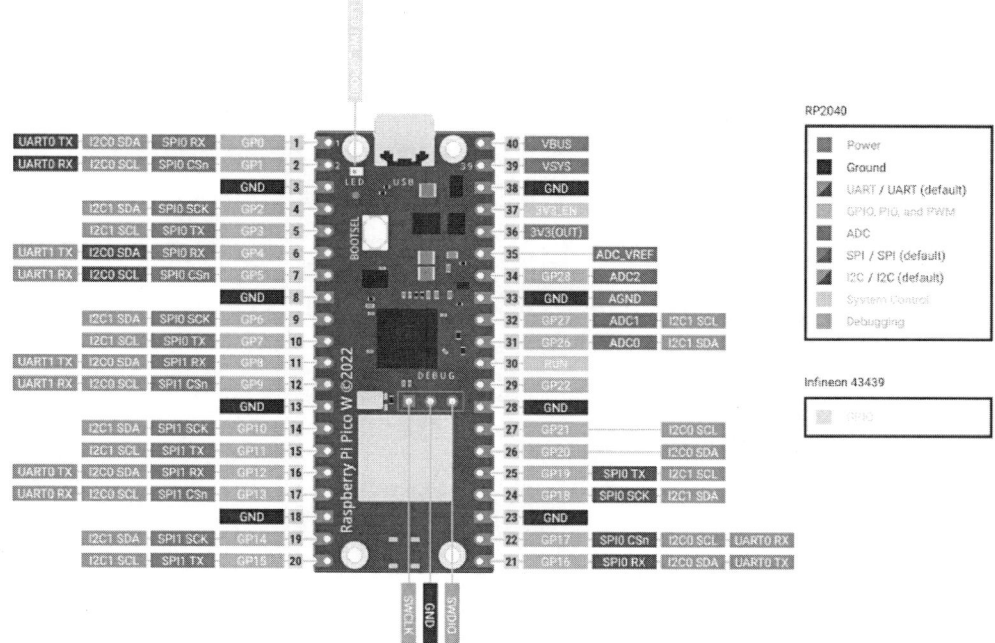

Figura 2.4 Mapa de pines de Raspberry Pi Pico. Fuente: https://www.raspberrypi.com/documentation/microcontrollers/pico-series.html

La Raspberry Pi Pico W utiliza el microcontrolador RP2040, diseñado para proyectos de control y sensorización con bajo consumo energético. Para conocer las características de cada pin, hemos consultado la información oficial disponible en la web https://www.raspberrypi.com/. Observamos que cuenta con 40 pines distribuidos en dos columnas:

- Tiene un total de 26 pines GPIO (GP0–GP22, GP26–GP29) que pueden configurarse como entradas o salidas digitales.

- Los pines GP26, GP27, GP28 y GP29 funcionan como entradas ADC de 12 bits (2^{12}= 4096 niveles) que permiten leer señales analógicas como sensores de temperatura o potenciómetros.
- Los pines GP0–GP22 admiten salidas PWM en múltiples canales.
- El pin GP25 tiene integrado un LED de usuario en placa, útil para pruebas rápidas de programas y diagnósticos.
- Soporta comunicaciones mediante los protocolos UART, I2C y SPI; utiliza pines etiquetados según las funciones, con posibilidad de múltiples buses I2C y SPI en pines configurables según necesidad del proyecto.
- La placa opera con 3.3V en sus pines GPIO, por lo que se debe evitar aplicar 5V directamente para no dañar el microcontrolador.

Arduino Nano ESP32

Para desarrolladores que conozcan o hayan utilizado alguna vez placas Arduino de toda la vida, es posible que este nuevo y potente modelo con ESP32 resulte muy interesante. Para ver el mapa de pines, hemos consultado la web oficial https://docs.arduino.cc/.

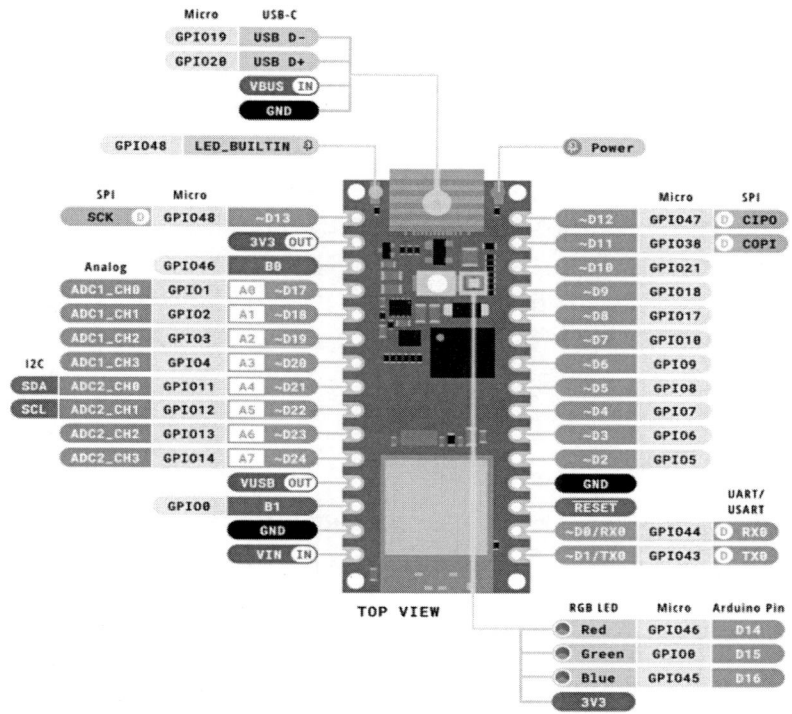

Figura 2.5 Mapa de pines de Arduino Nano ESP32. Fuente:
https://docs.arduino.cc/hardware/nano-esp32/

La placa cuenta con 30 pines físicos similares a los detallados para otras placas:

- Tiene un total de 22 pines GPIO que pueden configurarse como entradas o salidas digitales según necesidad del proyecto.
- Varios pines funcionan como entradas analógicas (ADC de 12 bits), lo que permite leer señales de sensores de temperatura, luz o potenciómetros.

- Los pines GPIO admiten salidas PWM en múltiples canales, útiles para control de motores, servos o ajuste de brillo de los ledes.
- Incluye conectividad wifi y bluetooth integrada, facilitando así proyectos de IoT sin necesidad de módulos adicionales.
- Soporta protocolos de comunicación UART, I2C y SPI, con pines asignables de forma flexible para múltiples buses según las necesidades del proyecto.
- Opera con 3.3V en sus pines GPIO, así que habrá que evitar aplicar 5V directamente para no dañar el microcontrolador.

En resumen

Por suerte, el número de placas compatibles con MicroPython ha crecido considerablemente desde su aparición. En este capítulo, hemos explorado tanto las características como el mapa de pines de los modelos ESP32 básico, Raspberry Pi Pico W y Arduino Nano ESP32, todos ellos capaces de ejecutar MicroPython y adecuados para una amplia variedad de proyectos educativos y profesionales. Antes de adquirir una placa, es recomendable revisar su ficha técnica. No todas incluyen conexión wifi o bluetooth, lo que puede limitar de forma considerable el alcance de los proyectos que se deseen realizar.

CAPÍTULO 3
Entorno de programación

Un entorno de desarrollo integrado contiene editores y muchas herramientas útiles para crear y depurar los programas. En este capítulo, nos centraremos en el conocido con el nombre de Thonny, que permite utilizar MicroPython en una gran variedad de microcontroladores como el ESP32, la Raspberry Pi Pico y algunas placas Arduino. No obstante, existen otras alternativas, como Arduino Lab, que está diseñado específicamente para trabajar con placas Arduino.

Además, veremos los pasos necesarios para instalar el firmware —una versión ligera del lenguaje Python adaptada para ejecutarse directamente en microcontroladores— y comprenderemos el funcionamiento de los archivos `boot.py` y `main.py`, que permiten independizar la placa del ordenador.

Y, aunque lo mejor es contar con una placa para desarrollar los proyectos, en este capítulo, introduciremos el simulador Wokwi como alternativa para crear y probar los proyectos en ESP32, Raspberry Pi Pico y Arduino.

3.1 El entorno Thonny

Thonny es un entorno de código muy popular y fácil de usar, especialmente recomendado para personas que quieran iniciarse en la programación con Python o MicroPython. El fichero a instalar se puede descargar directamente desde su página oficial: https://thonny.org/.

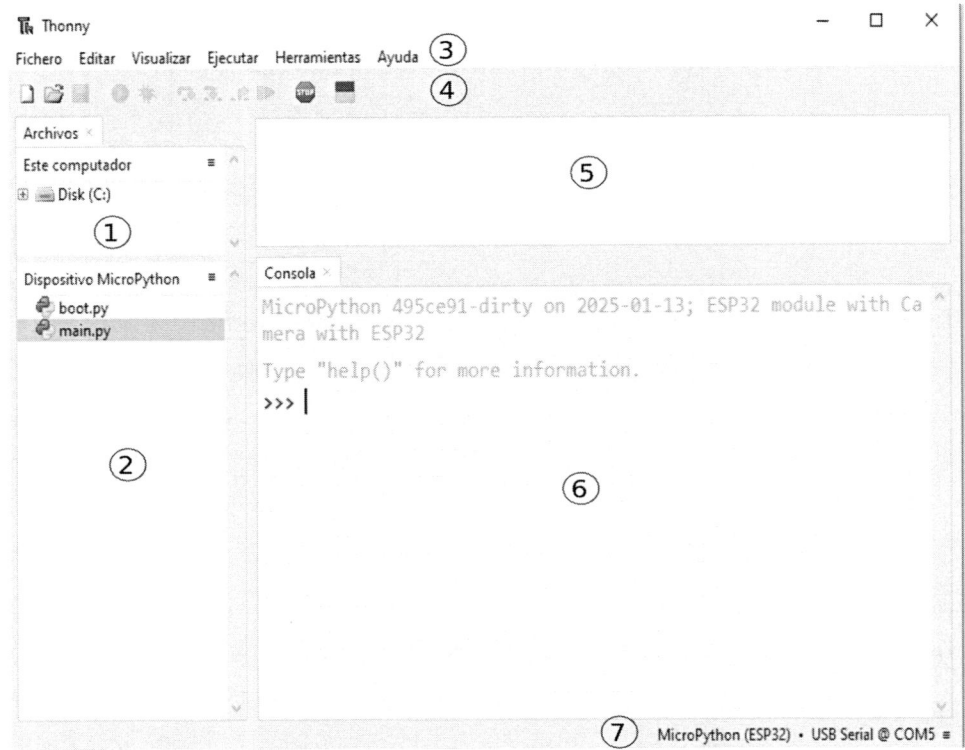

Figura 3.1 Interfaz del entorno Thonny. (1) Sistema de ficheros del ordenador. (2) Sistema de ficheros del microcontrolador. (3) Menú principal. (4) Botones para acceso rápido a algunas funciones. (5) Espacio del editor. (6) Espacio del REPL. (7) Desplegable para elegir trabajar en local o en el microcontrolador.

Los ficheros

En la interfaz, podemos ver el contenido de dos espacios de ficheros (en inglés *filesystem*). Estos sistemas están formados por ficheros y directorios organizados jerárquicamente. Los ficheros de programa de MicroPython tienen extensión `.py`; como ficheros de datos que vaya generando el microcontrolador pueden tener distintos formatos y exensones (`.csv`, `.wav`, etc).

El primer sistema —en la pestaña "Este computador"— está formado por los directorios y ficheros de las unidades que tenga nuestro ordenador (generalmente, almacenados en discos duros). Por otro lado, al conectar el microcontrolador, aparecerán los directorios y ficheros que estén almacenados en el microcontrolador —en la pestaña "Dispositivo MicroPython"—.

El menú principal

La línea del menú principal de la interfaz está organizada en varias solapas. En "File" se encuentran las opciones para crear, abrir, guardar y cerrar archivos, tanto en el ordenador como directamente en la placa con MicroPython. La solapa "Editar" ofrece herramientas básicas de edición de texto, como cortar, copiar, pegar, buscar, reemplazar y comentar líneas de código. En "Visualizar" el usuario puede personalizar qué paneles desea ver. La solapa "Ejecutar" permite ejecutar o detener el programa. En "Herramientas" se accede a configuraciones avanzadas, como la instalación de librerías o el firmware de la placa. Finalmente, la solapa "Ayuda" brinda acceso a la ayuda de Thonny, documentación de MicroPython y detalles sobre la versión instalada.

Es recomendable que configuremos el entorno de trabajo para que muestre pocos espacios. Para ello, en la solapa "Visualizar" por el momento elegiremos "Archivos" y "Consola".

Debajo de la línea del menú principal, la interfaz incorpora "botones" que permiten acceder rápidamente a diversas funciones. Entre ellas, resultan especialmente útiles las opciones para crear un nuevo archivo, ejecutar el programa (o script) y detener su ejecución.

Los espacios principales

Además, en la interfaz hay dos espacios para escribir las líneas de código. Por un lado, tenemos el editor de script que nos permitirá ir escribiendo programas que después se almacenarán en el ordenador o en el microcontrolador. Por otro lado, hay una parte dedicada a la consola que tiene una forma de trabajar particular llamada REPL (abreviatura de *Read–Eval–Print-Loop*).

El sistema de trabajo

Finalmente, en la esquina inferior derecha hay un desplegable para elegir el sistema que queremos utilizar: local o microcontrolador. Estas opciones solamente aparecerán cuando tengamos conectado el microcontrolador.

3.2 El firmware de MicroPython

Para poder desarrollar los proyectos, necesitamos instalar una versión "ligera" de MicroPython en el microcontrolador: el firmware. En la web oficial de MicroPython podemos encontrar versiones para muchos microcontroladores, junto con instrucciones detalladas para la instalación. Aunque no es un proceso complicado, y la guía paso a paso es muy completa, resulta mucho más sencillo si lo hacemos directamente desde el entorno de Thonny.

La instalación de un firmware produce que se borre todo el contenido de la placa, por lo que hay que estar muy seguros de querer hacerlo.

En el caso de Arduino Nano ESP32, no se podría seguir programando en Arduino, salvo que se vuelvan a restaurar los ajustes de fábrica.

Los pasos para instalar el firmware desde Thonny son los siguientes:

1. Conectamos la placa al ordenador con un cable USB.
2. Vamos al menú "Herramientas" > "Opciones..." y seleccionamos la pestaña "Intérprete".

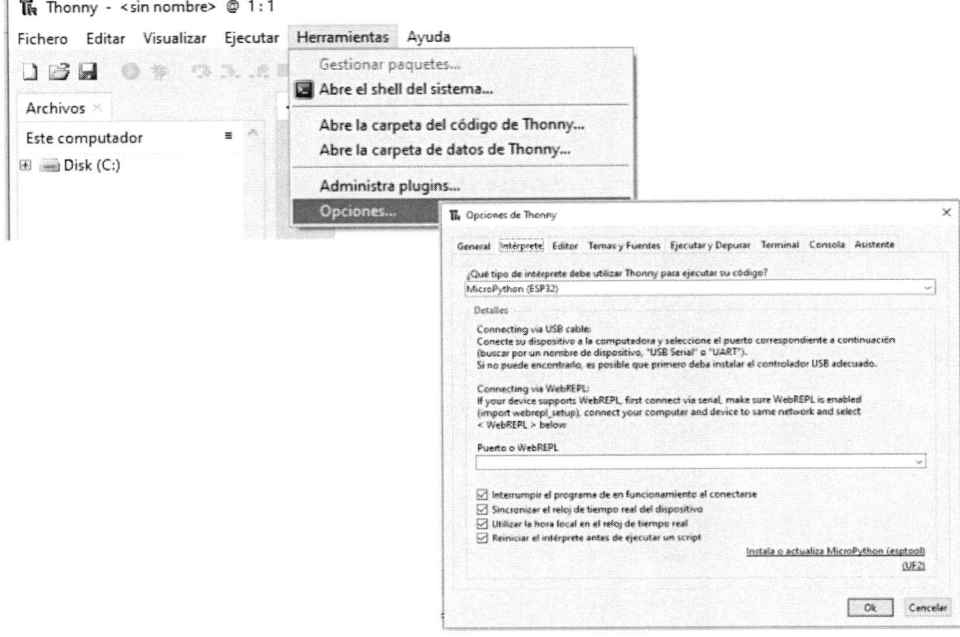

Figura 3.2 Cómo instalar el firmware desde Thonny.

3. Llegados a este punto, los pasos a seguir dependerán del microcontrolador con el que estemos trabajando.

ESP32

Vamos a comenzar explicando los pasos para el ESP32.

- Del listado de intérpretes, buscaremos la opción correspondiente a nuestra placa.

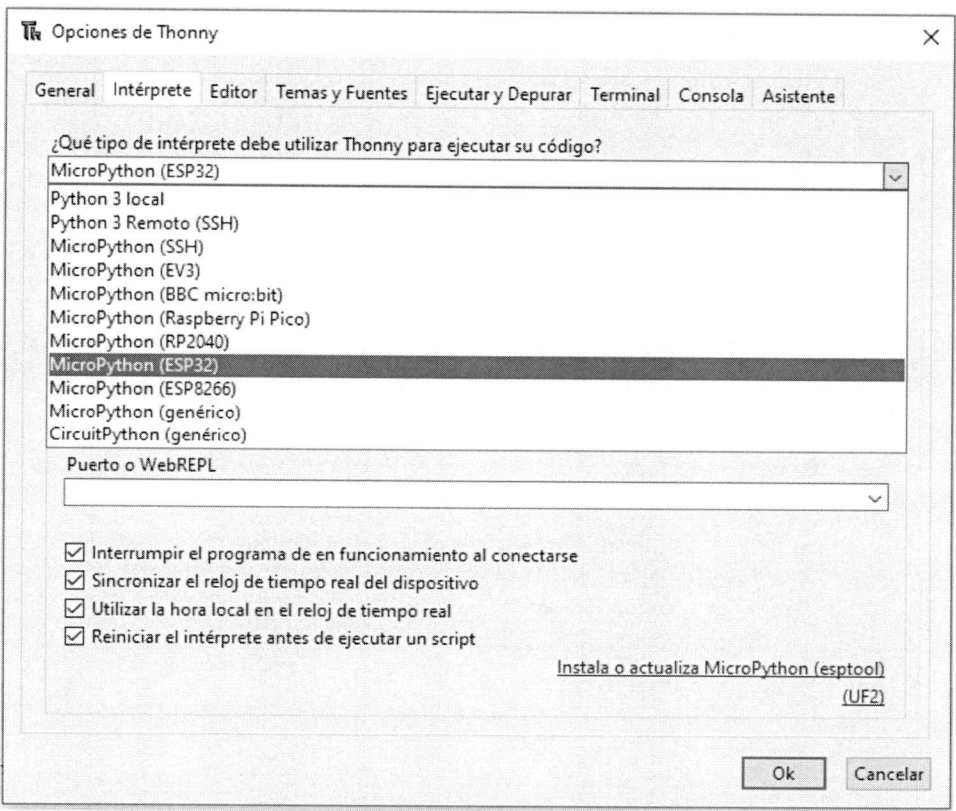

Figura 3.3 Búsqueda del tipo de placa.

- En "Puerto", seleccionamos el puerto al que está conectada la placa (por ejemplo, COM3 o COM8 en Windows o /dev/ttyUSB0 en Linux). Si no lo sabemos, podemos probar con la opción "Intenta detectar el puerto automáticamente".

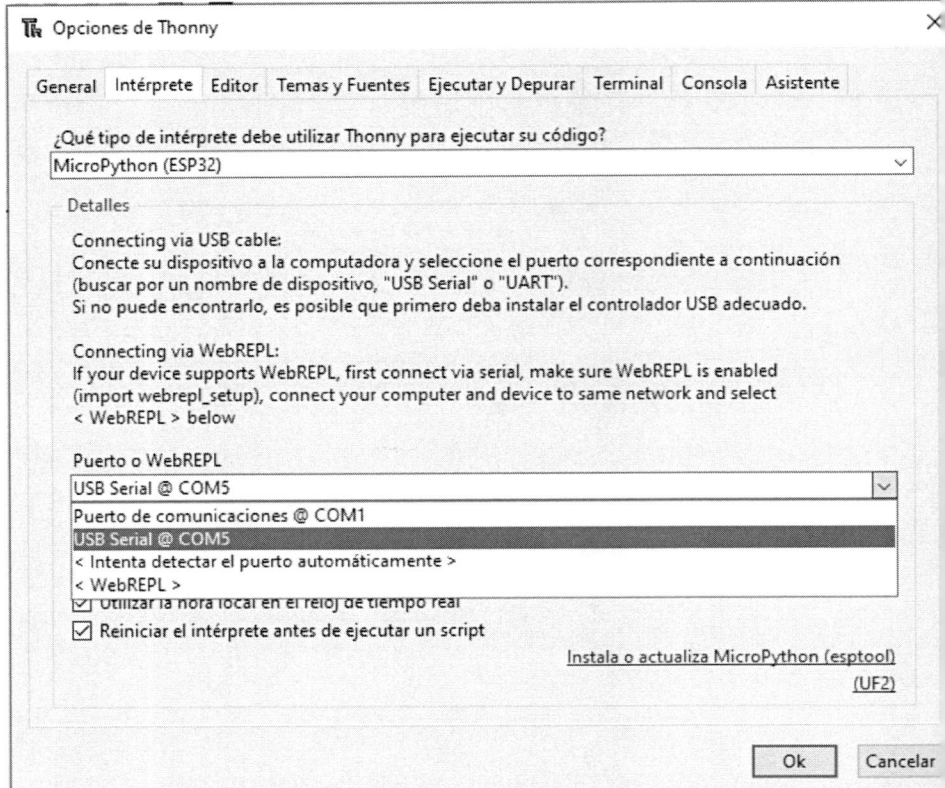

Figura 3.4 Selección de puerto.

- Pulsamos OK. En algunos casos, es necesario pulsar en "Instala o actualiza MicroPython" (el enlace que aparece abajo a la derecha, ver Figura 3.4).

En este momento, el sistema descargará e instalará automáticamente el firmware de MicroPython en la placa indicada. Este proceso puede tardar unos minutos. Una vez finalizado, ya estamos listos para comenzar a programar con MicroPython.

Raspberry Pi Pico W

En el caso de la placa Raspberry Pi Pico W, lo primero que tenemos que hacer es activar el modo *bootloader* presionando el botón BOOTSEL de la placa. Después la conectaremos al ordenador mediante el cable USB y dejaremos de pulsar el botón. A partir de ahí los pasos se hacen desde Thonny:

- En el panel que sale al elegir "Herramientas" > "Opciones" > "Intérprete", debemos pulsar en "Instala o actualiza MicroPython" (el enlace que aparece abajo a la derecha, ver Figura 3.4).
- En el nuevo panel, seleccionamos:
  - MicroPython family: Raspberry Pi.
  - Variant: Raspberry Pi Pico W.
- Pulsamos "Instalar..." y esperamos a que finalice.
- Cuando aparezca el mensaje "Done!", cerramos la herramienta de instalación.
- Desconectamos la placa y volvemos a conectarla.

Ahora la placa arrancará con MicroPython listo para usarse. Para eso, tenemos que elegir el microcontrolador en la esquina inferior derecha de la interfaz de Thonny.

Arduino Nano ESP32

En el caso de la placa Arduino Nano ESP32, empezamos poniéndola en modo *bootloader*: conectamos los pines GND y B1 con un cable, y pulsamos el botón de BOOT. Después quitamos el cable. El led tiene que ponerse de color púrpura. A partir de ahí, seguimos los siguientes pasos:

 BEATRIZ PADÍN / ADRIANA DAPENA

- En "Herramientas" > "Opciones" > "Intérprete", debemos elegir ESP32 y pulsar en "Instala o actualiza MicroPython" (el enlace que aparece abajo a la derecha, ver Figura 3.4).
- En el panel, hay que seleccionar:
  - MicroPython family: ESP32-S3
  - Variant: Arduino Nano ESP-32
- Pulsamos "Instalar..." y esperamos a que finalice.
- Cuando aparezca el mensaje "Done!", cerramos la herramienta de instalación.
- En la placa, pulsamos el botón de Reset (o desconectamos y volvemos a conectarla) para que deje de estar en modo *bootloader* (tiene que apagarse el led).
- Y un paso muy importante: volvemos a "Herramientas" > "Opciones" > "Intérprete" y seleccionamos el intérprete "MicroPython (generic)" y el puerto.

La comprobación final

Para confirmar que todo ha salido bien, desconectamos la placa y la volvemos a conectar. En la esquina inferior de la interfaz de Thonny, nos debería aparecer la opción de elegir la placa para utilizarla.

3.3 El editor y el REPL

Como hemos comentado anteriormente, la interfaz de Thonny tiene dos espacios para escribir las instrucciones que se ejecutarán en el microcontrolador: el editor de código, también llamado en ocasiones editor de scripts, y el REPL o consola.

El editor de código

Vamos a comenzar explicando cómo escribir líneas de código en el editor.

Lo primero será conectar la placa. Al hacerlo, en la parte inferior de la interfaz, nos aparecerá un desplegable con varias opciones: la que dice *Local* es la del ordenador y las otras corresponden a los firmwares instalados en el microcontrolador. Ahí debemos seleccionar el que vamos a utilizar.

Figura 3.5 Desplegable con las diferentes versiones de MicroPython disponibles.

Vamos a probarlo escribiendo en el espacio del editor una línea para saludar al mundo:

```
print("Hola Mundo")
```

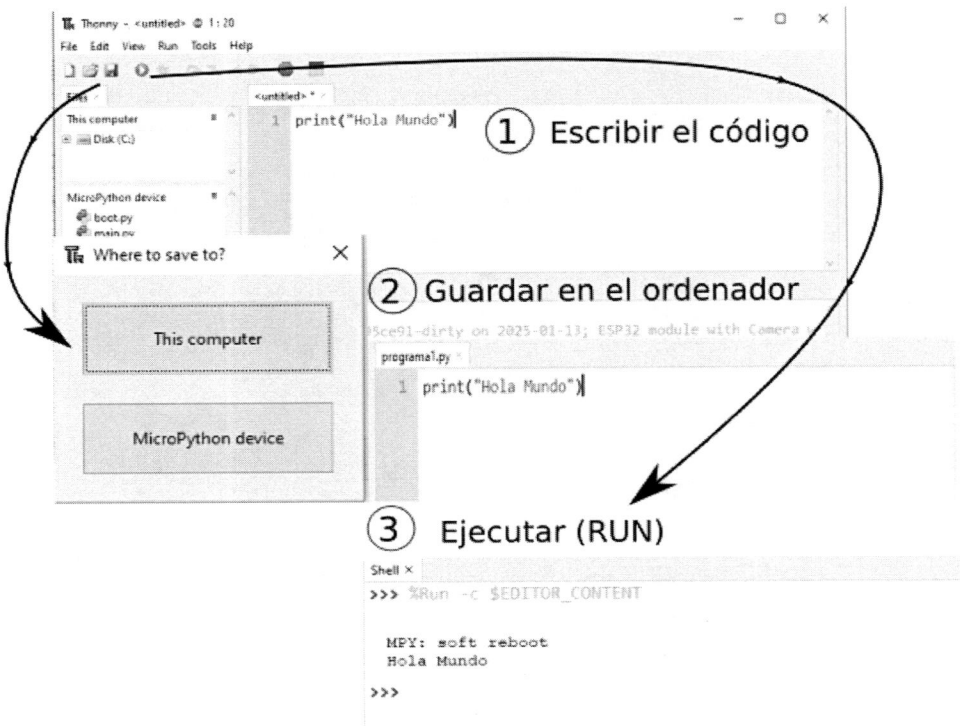

Figura 3.6 Ejemplo de cómo escribir líneas de código en el editor de scripts.

En la solapa del editor aparece `<untitled>`, así que vamos a darle un nombre al programa (opción "Save as…" o icono de disquete). Al pulsar, nos saldrá una ventana que nos pide que elijamos entre guardar en el ordenador o en el microcontrolador. Por el momento, lo guardaremos en el ordenador con el nombre que hayamos elegido (por ejemplo, "programa1"). No tenemos que indicar la extensión porque siempre pondrá `.py`. Si ahora pulsamos el botón de ejecutar, en el REPL nos aparecerá un mensaje parecido al siguiente:

```
MPY: soft reboot

Hola Mundo
```

Pero ¿cuál es el flujo que ha seguido nuestro programa? Al pulsar el botón de ejecutar, el código fue transferido al microcontrolador a través del cable USB. Es allí donde está el compilador de Python que se encarga de traducir el lenguaje de programación a código de bytes y donde se ejecutan las instrucciones correspondientes. A su vez, cualquier mensaje que se genere en la ejecución del código es enviado de vuelta al REPL.

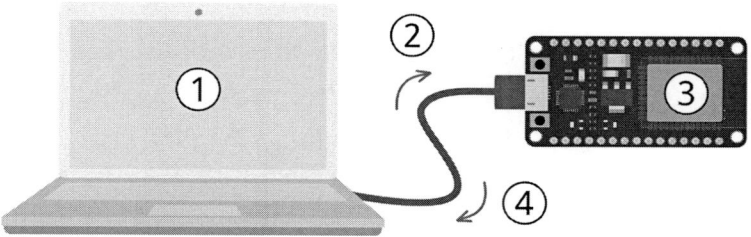

Figura 3.7 Flujo de ejecución de un programa escrito en el editor. (1) Se escribe el programa en el editor. (2) Al pulsar el botón de ejecutar, el programa se envía, por el cable USB, al procesador de la placa. (3) El procesador traduce el lenguaje Python a lenguaje máquina y se ejecutan las instrucciones. (4) Si el código genera algún mensaje, este se manda de vuelta al REPL.

El principal inconveniente de este flujo de trabajo es evidente: el microcontrolador debe permanecer conectado al ordenador en todo momento. Sin embargo, esto también representa una ventaja importante durante la depuración del código, ya que permite incorporar mensajes que informan, en tiempo real, sobre cómo se están ejecutando las instrucciones. Estos mensajes se muestran en el área REPL.

El REPL

El REPL no solo sirve para observar la ejecución del programa, sino que también permite enviar comandos directamente al microcontrolador. De hecho, podemos escribir los programas ahí, pero se borrarán cuando cerremos el ordenador. Así que solamente lo utilizaremos para escribir instrucciones sencillas, de prueba... A igual que antes, para ver cómo funciona, escribiremos "Hola Mundo", pero esta vez lo escribiremos en el REPL;

```
>>>  print("Hola Mundo")
```

Al pulsar la tecla INTRO, inmediatamente nos devolverá el resultado. Es importante que observemos que ahora ya no hay un fichero, lo que tenemos son líneas de código que se ejecutan una a una.

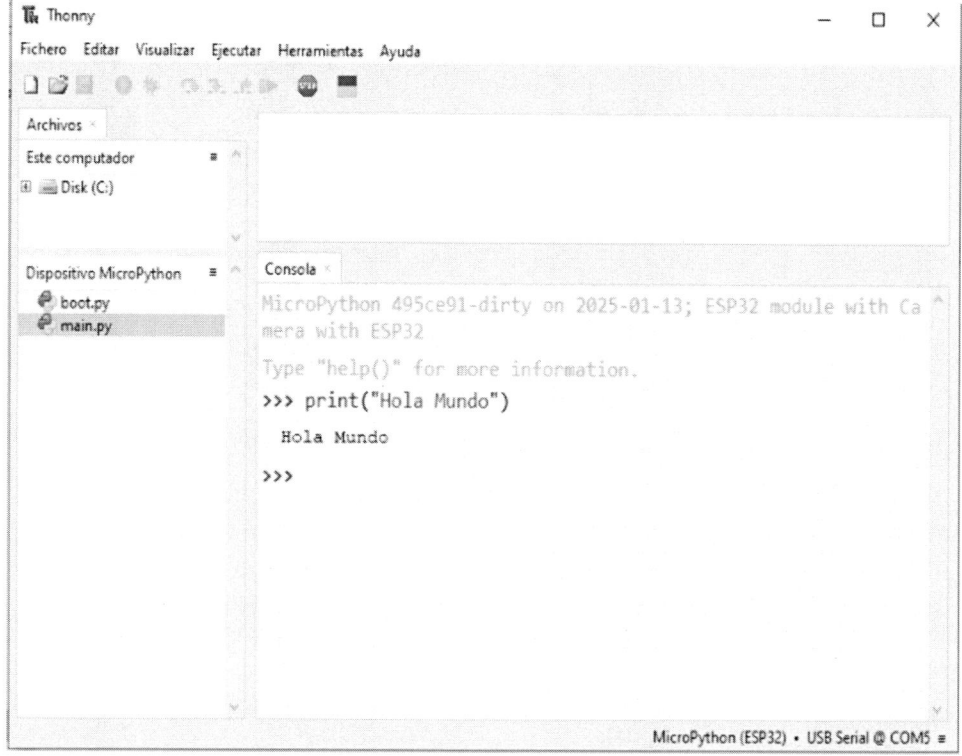

Figura 3.8 Ejemplo de cómo escribir líneas de código en el REPL.

3.4 Los ficheros `main.py` y `boot.py`

Los microcontroladores poseen un área de almacenamiento de datos, la llamada memoria *flash*, que es no volátil (es decir, los datos que contiene no se borran al apagar el dispositivo). Una zona de la memoria *flash* está reservada para el sistema de archivos internos de la placa. ¿Y qué utilidad puede tener esto para nosotros? La clave radica en que podemos acceder al *filesystem* de nuestra placa y modificarlo a nuestro antojo.

Como ya hemos comentado, para acceder al sistema de archivos internos del microcontrolador, simplemente tenemos que conectarlo al ordenador y en la interfaz aparecerá automáticamente una lista con los archivos y carpetas que hay en el dispositivo. Además, desde la propia interfaz podemos fácilmente modificar estos archivos: editarlos, eliminarlos, cambiarlos de ubicación, crear y eliminar carpetas, etc. Como tenemos unos ficheros en el ordenador y otros en el microcontrolador, también podremos copiarlos o moverlos fácilmente de un *filesystem* al otro.

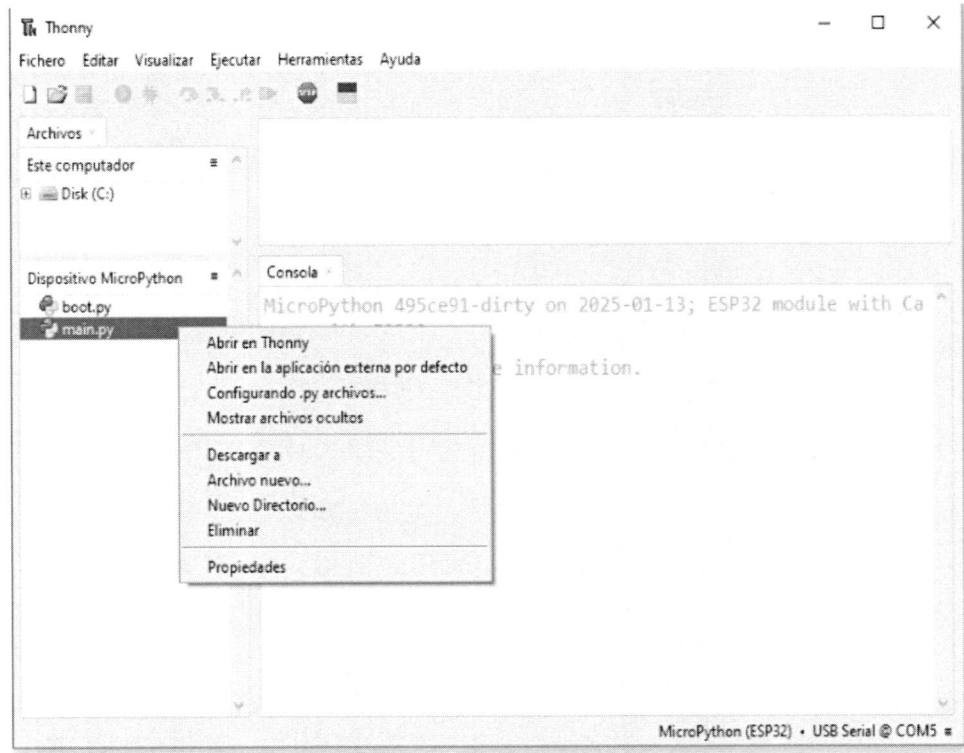

Figura 3.9 Sistema de ficheros en el ordenador y en la placa. El desplegable muestra las opciones que podemos hacer con el fichero.

En el directorio raíz, por defecto, normalmente hay solamente dos archivos llamados `main.py` y `boot.py` Estos dos archivos se pueden manipular exactamente igual que los demás, pero MicroPython los tratará de manera muy especial. Así que, antes de continuar, vamos a usar el editor para abrir los archivos `main.py` y `boot.py`. Si es la primera vez que los utilizamos, es posible que ambos archivos estén vacíos o contengan solo unos pocos comentarios. En los próximos capítulos, veremos cómo modificar su contenido.

¿Para qué se utilizan los archivos `main.py` y `boot.py`? Al desarrollar proyectos en microcontroladores deseamos que los programas puedan ejecutarse sin depender del ordenador. Pues bien, la manera de conseguirlo es recurriendo a los archivos `main.py` y `boot.py` del sistema de archivos del microcontrolador. El modo de funcionamiento es el siguiente. En el momento en que se conecta o resetea la placa, el procesador busca estos dos programas en el directorio raíz de su sistema de archivos; si existen, se ejecuta el código que hay en el archivo `boot.py` y, una vez finalizada su ejecución, pasa a ejecutarse `main.py`. Lo fundamental de este proceso es que sucede de manera automática. No hay que pulsar ningún botón para que se ejecuten los programas; solo hay que darle corriente a la placa (con una batería o un *power bank*, por ejemplo) o pulsar Reset.

La clave, entonces, está en guardar el programa en la placa con uno de esos nombres para que se ejecute de manera automática. ¿Cuál debemos usar, `boot.py` o `main.py`? Dado que `boot.py` es el primer programa que se ejecuta, en él habitualmente se escriben las instrucciones de configuración que puedan hacer falta. Es típico poner en este archivo, por ejemplo, las instrucciones para la inicialización de la conexión wifi. Una vez terminadas las inicializaciones, pasa a ejecutarse `main.py`. Como su nombre indica, es aquí donde pondremos las instrucciones principales del programa: lectura de sensores, control de periféricos, etc. De todos modos, si el programa es sencillo usaremos únicamente `main.py`, (`boot.py` lo podemos borrar o, simplemente, dejarlo en blanco).

Para que el microcontrolador funcione de manera autónoma simplemente debemos guardar los ficheros `main.py` y `boot.py` en el sistema de archivos de la placa. ¿Cómo podemos identificar en qué sistema está el fichero? El truco está en ver que los nombres de los ficheros de microcontrolador están entre corchetes. Por ejemplo, si abrimos el fichero `boot.py`, en el editor nos aparecerá `[boot.py]`.

3.5 Un entorno de simulación

Hasta ahora hemos hablado sobre el desarrollo de proyectos en una placa física, pero existe una alternativa para hacerlo únicamente con software: los simuladores. Más concretamente, nos centraremos en Wokwi (aceso en https://wokwi.com/), un simulador en línea que cuenta con una versión gratuita para crear, probar y compartir desarrollos basados en circuitos electrónicos que incorporen dispositivos como ESP32, Raspberry Pi, Arduino o similares.

Una de las principales ventajas de Wokwi es que permite realizar pruebas en tiempo real de forma sencilla, visualizando cómo se comporta el circuito ante diferentes condiciones. Además, dispone de una herramienta de medición que permite verificar el valor de las señales en distintos puntos del circuito.

Las librerías de Wokwi tienen una amplia variedad de componentes electrónicos que se pueden utilizar en la creación de los circuitos, como resistencias, pulsadores, sensores, ledes... Y, si no nos llegan, podemos crearlos. Para proyectos avanzados, también es capaz de emular comunicación wifi.

Wokwi es compatible con lenguajes de programación C++ y MicroPython, lo que permite escribir y probar el código directamente en el simulador. Nos permite descargar el código generado para utilizarlo en dispositivos reales y también podemos compartirlo con otros desarrolladores desde la propia plataforma.

La interfaz

El flujo de trabajo es sencillo. En la página principal, elegiremos la plantilla que corresponde a la placa. Esto nos permitirá crear un nuevo proyecto. Después, añadiremos los componentes necesarios desde el catálogo y los conectaremos virtualmente. Por supuesto, si ya tenemos un proyecto creado, solamente tendremos que abrirlo en la interfaz de simulación.

La interfaz de simulación está dividida en dos áreas principales. A la izquierda se encuentra el editor de código, que ofrece funciones como autocompletado, resaltado de sintaxis y un gestor de librerías integrado. A la derecha está el simulador visual, que muestra el circuito y los componentes, y permite arrastrarlos, colocarlos y conectar cables de forma interactiva. Además, muestra botones para ejecutar, detener o añadir más componentes.

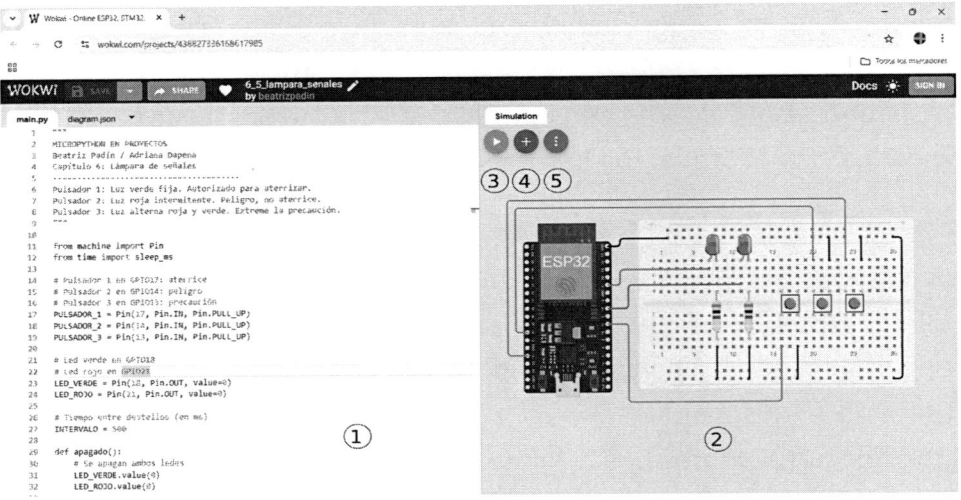

Figura 3.10 Interfaz de simulación de Wokwi. (1) Editor. (2) Esquema del circuito. (3) Botón de ejecutar. (4) Botón para añadir elementos. (5) Botón para ver más opciones.

Para iniciar la simulación, tenemos que pulsar el botón de ejecutar. Veremos que aparece un cronómetro que indica que la ejecución ha comenzado.

En cualquier momento, es posible interactuar con los elementos como si fuera un circuito real. Por ejemplo, podemos pulsar en los pulsadores para encender o apagar un led. Si pulsamos el botón de detener, se parará la simulación y el cronómetro se detendrá.

Proyectos en MicroPython

Todos los proyectos en MicroPython deben incluir un archivo `main.py`. Al pulsar el botón de ejecutar, MicroPython cargará este archivo en la memoria *flash* y lo ejecutará. Además, en el REPL, mostrará direcciones de memoria.

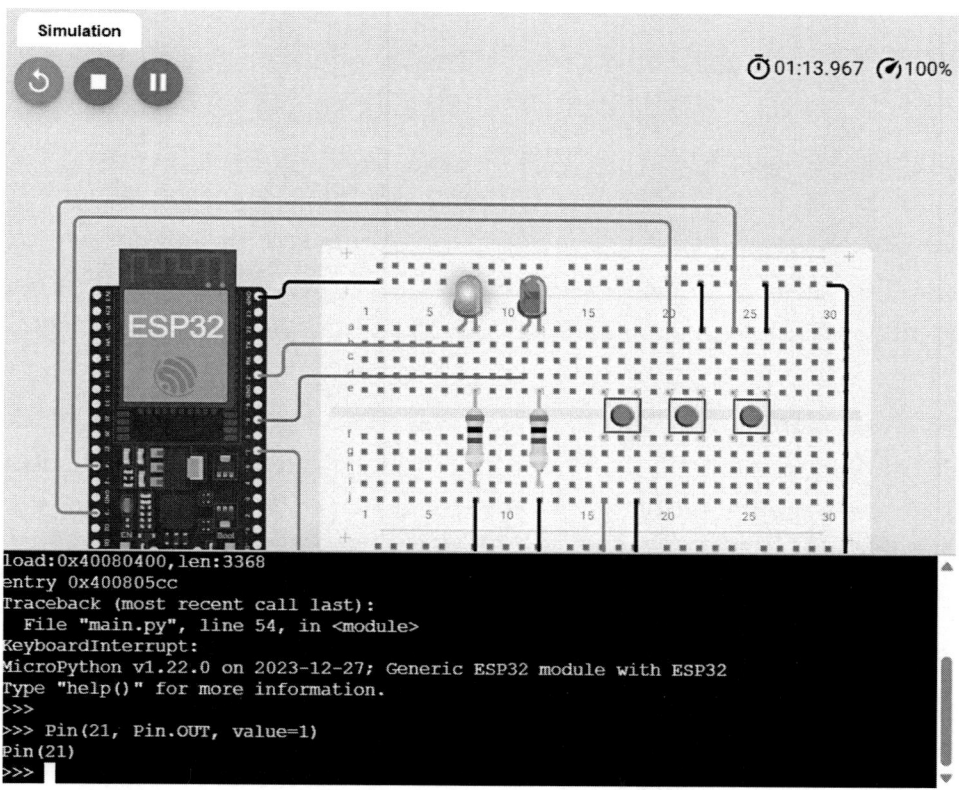

Figura 3.11 Ampliación de la zona de simulación. Al escribir la línea de código en el REPL y pulsar INTRO, se ilumina el led rojo.

Si con la simulación en curso, pulsamos en la ventana de REPL y luego utilizamos la combinación de teclas Ctrl+C, nos dejará escribir líneas de código que se ejecutarán al pulsar la tecla INTRO. Este modo de trabajar nos permitirá probar comandos de forma interactiva, inspeccionar variables, ejecutar funciones y depurar el código sin necesidad de reiniciar toda la simulación.

En resumen

El desarrollo de proyectos en MicroPython requiere seguir una serie de pasos previos fundamentales: elegir un buen entorno de programación, instalar correctamente el firmware en la placa y familiarizarse gradualmente con el entorno de trabajo para evitar la saturación con funciones y opciones innecesarias. Es importante saber que el código puede ejecutarse desde el editor (programas permanentes) o desde el REPL (programas temporales que se pierden al cerrar la interfaz) y que, utilizando los archivos `main.py` y `boot.py` guardados en la placa, es posible hacer que el proyecto funcione de manera autónoma sin depender del ordenador. Con estos elementos listos, estaremos preparados para comenzar a crear nuestros propios proyectos.

CAPÍTULO 4
Los módulos integrados

En los capítulos anteriores hemos tocado los tres pilares de la programación de microcontroladores: hemos hablado del lenguaje de programación, hemos presentado la placa que utilizaremos en los proyectos y hemos introducido el entorno de programación con que escribiremos los programas que se ejecutarán en la placa. Este último capítulo de introducción lo dedicaremos a un elemento que vamos a utilizar en todos nuestros proyectos con MicroPython: los módulos integrados. No añadiremos por ahora elementos de hardware externos (eso llegará a partir del próximo capítulo); de esta manera no corremos el riesgo de perdernos entre cables y resistencias y podremos mantener el foco en la placa y el lenguaje. En concreto trabajaremos con el módulo `time`, que proporciona funciones que vamos a usar con mucha frecuencia en los proyectos posteriores.

4.1 Los módulos integrados

Como ya hemos comentado previamente, el lenguaje MicroPython trae incorporadas una serie de librerías que amplían la sintaxis básica del lenguaje. Algunas son librerías estándar iguales que las de Python; otras son también librerías de Python pero que han sido "miniaturizadas", y en otros casos son librerías específicas de MicroPython cuyo cometido es facilitar la interacción con el microcontrolador. Pues bien, las funciones y clases implementadas en estas librerías están recogidas en los llamados módulos integrados (en inglés, *built-in modules*).

Los módulos integrados

Veamos en primer lugar cuáles son los módulos disponibles en la distribución de MicroPython de nuestro microcontrolador. Para interactuar con la placa seguimos los siguientes pasos, tal y como se indicó en el capítulo dedicado al entorno de programación:

- Abrimos el entorno de programación (Thonny).

- Conectamos la placa al ordenador con el cable USB.

- Comprobamos que el intérprete que aparece a la derecha en la barra inferior de Thonny sea el adecuando para nuestra placa (MicroPython ESP32, Raspberry Pi Pico o genérico). Si no es así, lo escogemos en el menú desplegable que aparece al hacer clic en las tres barras horizontales.

- Si la placa no se conecta automáticamente pulsamos el botón Stop para reiniciarla.

Una vez que la placa está conectada escribimos `help("modules")` en el REPL.

```
>>> help("modules")
```

Al pulsar Intro, aparece una lista parecida a la siguiente (solo incluimos un extracto).

```
__main__    bluetooth  heapq          select

_asyncio    btree      inisetup       socket

_boot       builtins   io             ssl

_espnow     cmath      json           struct

_thread     math       machine        time

_webrepl    deflate    micropython    tls

. . .

Plus any modules on the filesystem
```

El listado anterior recoge todos los módulos que vienen instalados por defecto en nuestra distribución de MicroPython.

En la inmensa mayoría de los programas que escribamos en MicroPython (por no decir en todos) vamos a recurrir a alguno de estos módulos. Tomemos como ejemplo uno con el que trabajaremos en innumerables ocasiones a lo largo del libro: el módulo `machine`. El nombre ya nos da una idea del tipo de funciones que nos encontraremos en él: contiene funciones específicas relacionadas con el hardware de una placa determinada. Esto quiere decir que para controlar cualquier elemento de hardware usaremos las funciones que se incluyen en este módulo. Análogamente, el módulo `time` proporciona las funciones necesarias para trabajar con intervalos temporales, `os` ofrece servicios básicos relacionados con el sistema operativo, `math` contiene funciones matemáticas y `network` facilita la configuración de red, entre otros muchos.

Los módulos externos

Al final del listado de los módulos integrados aparecía la frase `Plus any modules on the filesystem`. Esto se debe a que existe otro tipo de librerías, que no vienen "de fábrica" en la instalación de MicroPython, cuya misión es facilitarnos el trabajo cuando utilicemos elementos como sensores o pantallas. Dado que estas librerías sirven a propósitos muy específicos, por motivos de espacio no vienen incluidas en el propio firmware, y para usarlas hay que instalarlas manualmente en el sistema de archivos de la placa. De ahí que, además de los módulos de la lista, podemos tener otros instalados. Pero de estos módulos externos no nos ocuparemos por ahora.

4.2 ¿Qué hay en un módulo?

Exactamente, ¿qué hay en un módulo? Analicemos el módulo `math`. Los módulos integrados, como hemos visto, se instalaron en la placa en el momento en que se instaló el firmware de MicroPython. Para poder acceder a ellos hay que importarlos, que es algo así como cargarlos en la memoria del microcontrolador para que estén disponibles. Para importar un módulo escribimos en el REPL la palabra `import` seguida del nombre del módulo que queremos importar. Por ejemplo, importemos el módulo `math`.

```
>>> import math
```

Al ejecutar esta instrucción parece que no ha sucedido nada. En realidad, al importar el módulo se han cargado las funciones, clases y constantes que contiene, para que las podamos usar en los programas que escribamos. El módulo estará disponible a lo largo de toda la sesión, mientras no se reinicie la placa.

Una vez importado el módulo, escribimos en el REPL `help(math)`.

```
>>> help(math)
object <module 'math'> is of type module
```

```
__name__ -- math
e -- 2.718282
pi -- 3.141593
inf -- inf
sqrt -- <function>
pow -- <function>
exp -- <function>
log -- <function>
...
```

Como se puede ver en el listado anterior, el módulo contiene funciones que se encargan de realizar tareas específicas: `sqrt` para calcular raíces cuadradas, `log` para hallar logaritmos, etc. Hay también definidas constantes, como los números π y e. Finalmente un módulo también puede contener clases, que sirven para agrupar objetos con características similares y que, a su vez, contienen sus propios atributos (propiedades) y métodos (funciones).

4.3 Cómo usar los módulos

Para usar una función o una constante definida en un módulo se puede proceder de dos maneras diferentes: importando el módulo completo o importando únicamente el elemento en cuestión.

Importar todo el módulo

Primero se importa el módulo completo, escribiendo la palabra `import` seguida del nombre del módulo a importar.

```
>>> import math
```

Para usar una función (por ejemplo, la función raíz cuadrada) de este módulo se escribe el nombre del módulo y, a continuación, separado por un punto, el nombre de la función. El nombre de la función debe ir seguido de paréntesis (aunque pueden estar vacíos).

```
>>> math.sqrt(2)
1.414214
```

Si lo que se quiere usar es una constante (como puede ser el número pi), se procede de manera análoga, pero esta vez no se utilizan paréntesis.

```
>>> math.pi
3.141593
```

Cada vez que usemos una función o constante, esta debe ir precedida del nombre del módulo al que pertenece. Si nos olvidamos de añadir el nombre del módulo, obtenemos un error.

```
>>> math.log(e)
NameError: name 'e' isn't defined
>>> math.log(math.e)
1.0
```

Importar solo los elementos necesarios

En lugar de importar todo el módulo podemos importar únicamente los elementos que vayamos a utilizar. Para ello se usa la siguiente sintaxis: `from`, seguido del nombre del módulo, `import`, seguido del nombre del elemento a importar; se pueden poner varios elementos, separados por comas. El nombre de las funciones se escribe sin los paréntesis.

```
>>> from math import sqrt, pi
```

Para usar uno de estos elementos, simplemente se escribe su nombre; no hay necesidad de hacer referencia al módulo.

```
>>> sqrt(2)
```

```
1.414214
```

```
>>> pi
```

```
3.141593
```

Importar las funciones de una u otra manera es una decisión personal. Eso sí, es importante recalcar que solo podemos usar aquellas funciones, clases o constantes que hayamos importado. Si intentamos utilizar alguna que no haya sido importada previamente, se obtendrá un error. Por otro lado, si estamos trabajando en el REPL y desconectamos la placa, al volverla a conectar es necesario volver a importar los módulos con que vayamos a trabajar.

4.4 El módulo `time`

En prácticamente todos los programas de este manual vamos a necesitar llevar cuenta del tiempo. Por ello, y para poner en práctica lo aprendido sobre los módulos, el resto del capítulo lo vamos a dedicar al módulo `time`. Dentro de este módulo se engloban, entre otras, funciones para medir intervalos de tiempo y para establecer tiempos de espera. En la siguiente tabla recogemos algunas de las funciones más importantes del módulo.

`ticks_ms()`	Devuelve el número de milisegundos pasados con respecto a un instante arbitrario.

`ticks_us()`	Igual que `ticks_ms()`, pero en microsegundos.
`ticks_diff(t1, t2)`	Mide la diferencia entre `t1` y `t2`. Es equivalente a `t1 - t2`.
`sleep(tiempo)`	Interrupción durante el tiempo indicado, en segundos. Algunas placas solo aceptan valores enteros como argumento.
`sleep_ms(tiempo)`	Igual que la anterior, pero en milisegundos.
`sleep_us(tiempo)`	Igual que las anteriores, pero en microsegundos.

Tabla 4.1 Algunas de las funciones más importantes del módulo `time`.

4.5 La función `sleep()`

Hay una función relacionada con el tiempo que usaremos con mucha frecuencia a lo largo de este manual: `sleep()`. La función `sleep()`, junto con `sleep_ms()` y `sleep_us()`, se utiliza para introducir esperas o retardos en el código. Las tres actúan igual, solo cambia la unidad en que se mide el tiempo: segundos, milisegundos y microsegundos, respectivamente.

Cuando el programa entra en una de estas funciones, la ejecución se queda bloqueada durante el tiempo que se estableció en el argumento. Hagamos la prueba: veamos qué sucede al ejecutar la función `sleep(5)` en el REPL.

```
>>> from time import sleep
>>> sleep(5)
```

De manera alternativa, y solo por recordar cómo se utilizan las funciones de los módulos, podemos importar el módulo completo, en cuyo caso debemos indicar el nombre del módulo antes de la función.

```
>>> import time
>>> time.sleep(5)
```

De una manera u otra, al pulsar Intro el prompt (>>>) desaparece. Durante cinco segundos no sucede nada; pasado este tiempo reaparece. Por este motivo se dice que `sleep()` es una función bloqueante: cuando se ejecuta esta instrucción el programa se queda bloqueado esperando a que pase el tiempo indicado, y mientras tanto no se ejecuta ninguna otra instrucción.

Una importante característica que hay que hacer notar es que el tiempo de espera es aproximado; si el procesador necesita ocuparse de otras tareas que tienen más prioridad (como gestionar interrupciones, por ejemplo), el tiempo de espera puede ser algo mayor que el indicado.

4.6 Cuenta atrás

Hasta este momento, todas las instrucciones las hemos ejecutado desde la consola. Hacerlo así ayuda a entender cómo funciona cada instrucción, pero llega un momento en que esta manera de trabajar se vuelve poco práctica. Lo que haremos ahora es escribir un programa en el editor de scripts y ejecutaremos este programa, en lugar de ir instrucción a instrucción.

Para ilustrar el uso de `sleep()` vamos a escribir un programa muy simple: una cuenta atrás. El programa imprimirá los números 5, 4, 3, 2, 1, 0 con un intervalo de un segundo entre ellos. Escribimos el siguiente

 BEATRIZ PADÍN / ADRIANA DAPENA

programa en el editor de scripts y pulsamos la tecla Run para ejecutarlo.

```
from time import sleep
i = 5
while i >= 0:
    print(i)
    sleep(1)
    i -= 1
```

La variable `i` es el contador que inicializamos en 5. Cuando la ejecución entra en el bucle `while` se imprime el valor del contador y se espera un segundo; a continuación, el contador se reduce en uno. Estas instrucciones se volverán a ejecutar mientras el contador sea mayor o igual que cero. En consecuencia, se muestra en el REPL la cuenta atrás esperada.

Visto así parece poca cosa, pero más adelante podremos añadir un pulsador para iniciar la cuenta atrás y "adornarla" con pitidos o señales luminosas para darle un toque muy profesional.

4.7 La función `ticks_ms()`

Cuando se necesita medir tiempos con precisión es muy habitual recurrir a la función `ticks_ms()`. Esta función accede a un contador de tiempos y devuelve el número de milisegundos que han pasado desde que dicho contador se puso en marcha (lo mismo sucede con `ticks_us()`, pero en microsegundos). El inicio del contador es arbitrario, es decir, no tenemos referencia de cuándo se puso en marcha. Esto, que parece un problema, en realidad no nos preocupa, como veremos enseguida. Lo importante es que cada vez que se ejecuta `ticks_ms()` se accede al valor que marca el contador en ese instante.

Hagamos una prueba. Con la placa conectada, importamos la función `ticks_ms()`, que está en el módulo time, y la ejecutamos.

```
>>> from time import ticks_ms
>>> ticks_ms()
273105
```

El valor que aparece es el número de milisegundos que han pasado desde que se inició el contador hasta el momento en que se ejecutó `ticks_ms()`. Si la ejecutamos de nuevo obtendremos un valor mayor porque ha pasado más tiempo.

```
>>> ticks_ms()
288435
```

El inicio del contador está relacionado con el momento en que se conectó la placa. Si se reinicia la placa y se vuelve a ejecutar `ticks_ms()` (en ese caso es necesario volver a importar la función), comprobamos que el contador se ha reinicializado.

4.8 Un cronómetro

En el trabajo con microcontroladores muchas veces necesitamos controlar el tiempo transcurrido entre dos sucesos, así que vamos a usar la función `ticks_ms()` para programar una especie de cronómetro, muy rudimentario pero que nos servirá para sentar las bases de cómo medir el tiempo de manera muy precisa.

Los cronómetros no son más que relojes que miden con precisión el tiempo transcurrido entre dos instantes, desde el momento en que se ponen en marcha hasta que se paran. A grandes rasgos, nuestro cronómetro funcionará de la siguiente manera. La función `ticks_ms()` —o `ticks_us()` en el caso de que necesitemos trabajar con más precisión — se ejecutará en dos instantes diferentes: el de "inicio" (cuando se pone en marcha el cronómetro) y el de "fin" (cuando se para). Para saber cuánto tiempo ha pasado entre esos instantes, el intervalo transcurrido será, simplemente, la diferencia entre el tiempo marcado por `ticks_ms()` en ambos instantes; para hallar esa diferencia usaremos la función `ticks_diff()`. Y eso es todo.

Para ilustrarlo importamos las funciones (si ya hemos importado previamente la función `ticks_ms()` no es necesario volver a hacerlo).

```
>>> from time import ticks_ms, ticks_diff
```

Determinaremos los instantes inicial y final con `ticks_ms()`. Cada vez que llamemos a esta función debemos guardar el valor devuelto en una variable para poder utilizarlo posteriormente. Escribimos la siguiente instrucción en el REPL:

```
>>> inicio = ticks_ms()
```

En el momento que hemos pulsado Intro, `ticks_ms()` ha leído el valor del contador y lo ha adjudicado a la variable `inicio` (podemos ponerle cualquier otro nombre). Este es nuestro instante inicial.

Escribimos ahora la instrucción para el instante final:

```
>>> fin = ticks_ms()
```

Igual que antes, el instante final, que corresponde al momento en que se ejecuta la instrucción anterior, está guardado en la variable `fin`.

Para poder ver el valor de estas variables solo hay que escribir su nombre en el REPL.

```
>>> inicio
824507
>>> fin
835046
```

Por último, para saber cuánto tiempo ha pasado entre un instante y otro usamos la función `ticks_diff()`. Esta función actúa de la siguiente manera: si `t1` y `t2` son los dos valores devueltos por `ticks_ms()`, entonces `ticks_diff(t1, t2)` calcula el valor de `t1 - t2`. En consecuencia, si `t1` ocurrió antes que `t2`, la función devolverá un resultado negativo (porque `t1` es menor que `t2`), y si `t1` ocurrió después de `t2`, entonces el resultado es positivo (ya que ahora `t1` es mayor que `t2`). Dado que sabemos con certeza que `inicio` fue antes que `fin`, para obtener un intervalo de tiempo positivo nos interesa hacer la operación `fin - inicio`. Por tanto, la instrucción a ejecutar es la siguiente:

```
>>> ticks_diff(fin, inicio)
10539
```

Es decir, han pasado exactamente 10 539 milisegundos —o 10.539 segundos— entre la ejecución de las dos instrucciones `ticks_ms()`.

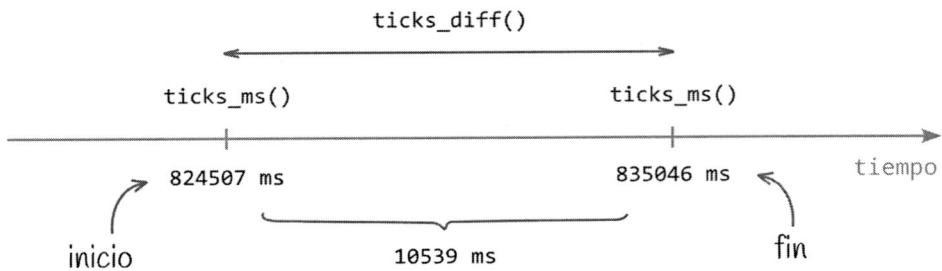

Figura 4.1 Diferencia de tiempo entre la ejecución de las dos instrucciones.

4.9 El cronómetro, mejorado

Para tener un cronómetro funcional, en lugar de ejecutar las instrucciones desde el REPL vamos a escribir un programa.

Para poder iniciar y parar el cronómetro necesitamos interactuar con el programa. Aunque más adelante podremos hacerlo de maneras mucho más sofisticadas, por ahora vamos a conformarnos con utilizar el teclado. Para ello usaremos la función `input()` de Python. Simplificando mucho su uso, cuando se ejecuta `input()` el programa queda a la espera de que el usuario pulse la tecla Intro en el teclado. Una vez pulsada, el programa continúa. Eso es todo lo que necesitaremos para poner en marcha y parar el cronómetro.

Algo importante a tener en cuenta es que, para que el entorno de programación detecte que se ha pulsado Intro, primero hay que hacer clic sobre la consola (el REPL) con el ratón para activarla.

Escribamos el siguiente programa en el editor. Para ejecutarlo hacemos clic en la tecla Run.

```
from time import ticks_ms, ticks_diff

# Inicio
```

```
input()
inicio = ticks_ms()
print("Instante inicial:", inicio)
# Fin
input()
fin = ticks_ms()
print("Instante final:", fin)
# Tiempo
tiempo = ticks_diff(fin, inicio)
print("\nTiempo (s):", tiempo/1000)
```

El programa empieza por importar las funciones necesarias del módulo `time`. Cuando el programa llega al primer `input()` se queda a la espera de que se pulse Intro. En cuanto se pulsa, se guarda el instante inicial en `inicio` y se muestra su valor. A continuación, el programa entra en el siguiente `input()`. De nuevo se queda esperando y, una vez pulsado Intro, se guarda el instante final en `fin`. Se calcula el tiempo que ha pasado y se divide entre mil para mostrarlo en segundos.

Aunque se trata de un cronómetro muy limitado, este programa nos ha servido para mostrar cómo medir intervalos de tiempo de una manera muy precisa.

En resumen

En este capítulo hemos presentado los módulos integrados de MicroPython, que facilitan enormemente la programación gracias a las funciones que ponen a nuestra disposición. En particular hemos trabajado con el módulo `time`, ya que será muy habitual que

 BEATRIZ PADÍN / ADRIANA DAPENA

trabajemos con él en los proyectos que desarrollemos más adelante. Usando este módulo hemos diseñado un cronómetro para medir con gran precisión el tiempo transcurrido entre dos sucesos y hemos programado una sencilla cuenta atrás.

CAPÍTULO 5
Señalización marítima

El trabajo con los microcontroladores, de una manera muy simplificada, se puede reducir a una gestión de señales: el microcontrolador recibe datos (las señales de entrada) y los procesa, convirtiéndolos en un tipo diferente de datos (las señales de salida). Las señales con que trabajan los microcontroladores pueden ser analógicas o digitales. En este capítulo nos centraremos en las digitales; en concreto veremos cómo "escribirlas". Esta es una de las primeras habilidades que debemos dominar cuando trabajamos con microcontroladores, ya que nos permitirá, entre otras cosas, algo tan fundamental como encender y apagar un dispositivo.

El material que usaremos, además de la placa, es:

- Dos ledes (uno verde y otro rojo, o de otros colores cualesquiera)

- Dos resistencias de 220 Ω

- Una placa de pruebas o *breadboard*

- Cables de conexión o *jumper wires*

5.1 Proyecto "Señalización marítima"

En la navegación marítima las boyas de señalización son una guía esencial para los navegantes. Estas estructuras flotantes, situadas en puntos específicos de interés para las embarcaciones, delimitan canales de circulación, marcan zonas de peligro, indican áreas de baño... Para reforzar la señalización en zonas críticas, o para la navegación nocturna o en condiciones de baja visibilidad, algunas boyas llevan integrada una luz. Una luz verde indica el lado de estribor de un canal y una roja, el lado de babor. Estas señales luminosas, además, pueden ponerse en estado intermitente para indicar bifurcaciones en el canal.

Figura 5.1 Boya de señalización marítima

En este capítulo, utilizando dos ledes que se encenderán y apagarán de manera periódica, construiremos nuestro primer dispositivo electrónico: un prototipo de boya luminosa de señalización marítima.

5.2 Las señales digitales

Dado que este capítulo está dedicado a las señales digitales, comenzaremos introduciendo brevemente estas señales tan especiales. En el mundo de los microcontroladores consideramos que una señal es digital si solo puede estar en dos estados diferentes: encendido —ON, HIGH o 1— o apagado —OFF, LOW o 0—. En una señal digital no hay valores intermedios posibles; es todo o nada.

El estado de un led es un buen ejemplo de señal digital. Cuando el led recibe un voltaje (conectándolo a una pila, por ejemplo), se enciende; cuando el voltaje se pone a cero, el led se apaga. Son las dos únicas posibilidades.

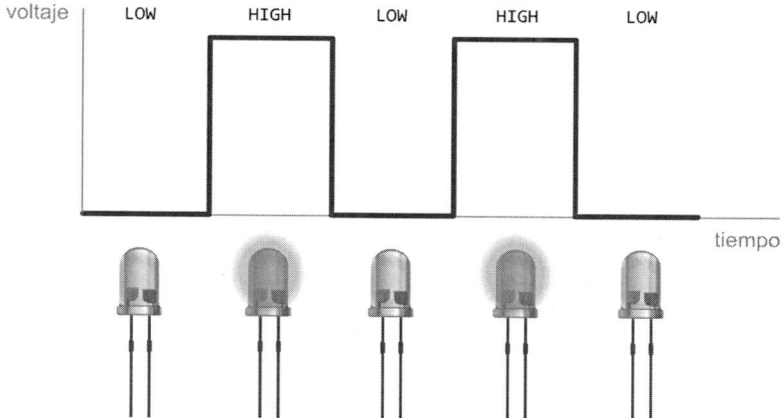

Figura 5.2 Ejemplo de señal digital. El voltaje solo puede estar en estado HIGH o LOW; análogamente, el led solo puede estar encendido o apagado.

Aunque hemos dicho que el led únicamente puede estar encendido o apagado, en realidad sí lo podemos encender con un valor intermedio de la luminosidad, pero esto lo veremos más adelante porque ya no se trataría de usar una señal digital.

5.3 El diodo emisor de luz

Un diodo emisor de luz —o led, por sus siglas en inglés (de *Light Emitting Diode*) — es un dispositivo que emite luz cuando lo atraviesa

BEATRIZ PADÍN / ADRIANA DAPENA

una corriente eléctrica. El color de la luz generada depende del material semiconductor con que esté fabricado el led; aunque son muy habituales los rojos (de hecho, fue el primer color conseguido), hoy en día los podemos encontrar en multitud de colores.

Los diodos son dispositivos electrónicos que tienen polaridad, lo que quiere decir que la corriente circula a través de ellos en un único sentido. Sucede igual que con las pilas: si se conectan al revés, el aparato no funciona. En las pilas es fácil, ya que un polo está marcado como positivo (+) y el otro como negativo (−). Pero, en un led, ¿cómo los distinguimos?

Aunque parezcan iguales, una de las dos "patitas" del led es más larga. Pues bien, la más larga es el terminal positivo (o ánodo); la otra, obviamente, el negativo (o cátodo). Otra manera de distinguirlos es que, si nos fijamos bien, la carcasa plástica del led no es totalmente circular, sino que tiene una zona plana; el terminal adyacente a este corte plano es el negativo.

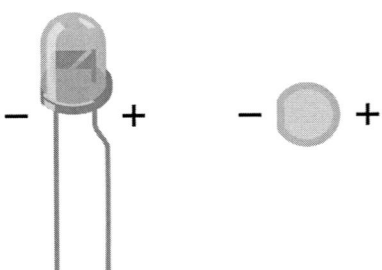

Figura 5.3 Izquierda: la pata más larga corresponde a la conexión positiva. Derecha: vista del led desde arriba; la parte plana en la carcasa indica la conexión negativa.

5.4 La placa de pruebas

Para facilitar la conexión entre los diferentes dispositivos, en todos los montajes que hagamos vamos a utilizar una placa de pruebas, también conocida con el nombre de tablero de prototipado, *protoboard* o *breadboard*. Sin entrar en detalles, la placa de pruebas consiste en un tablero de plástico que tiene una serie de orificios, organizados en filas y columnas, que están eléctricamente conectados. Estas conexiones eléctricas internas reducen el número de cables y facilitan enormemente la tarea de prototipado de los proyectos.

Aunque las placas de prueba se presentan en diferentes tamaños, la estructura interna es prácticamente la misma en todas ellas. En la imagen se señalan los orificios que están unidos eléctricamente.

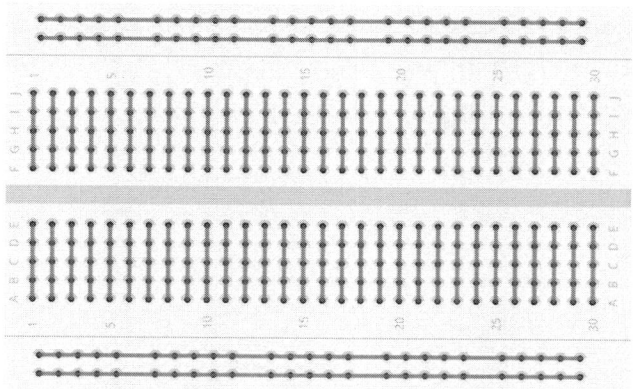

Figura 5.4 Conexiones internas en la placa de pruebas.

5.5 El circuito

En el capítulo anterior hemos programado el microcontrolador con MicroPython, pero hasta ahora no habíamos añadido ningún componente de hardware externo. Ha llegado, por fin, el momento de conectar cosas a la placa. Empezaremos por conectar un único led.

El pin del microcontrolador al que conectemos el terminal positivo del led será el encargado de emitir las órdenes de encendido y apagado. Este pin, por tanto, funcionará como una salida digital. Hemos escogido el GPIO18 como pin de conexión —en el Arduino Nano ESP32 el GPIO18 recibe el nombre D9, mientras que en la Raspberry Pi Pico es el pin rotulado con el número 24—, pero se puede usar otro pin digital de la placa (en ese caso hay que cambiar en los programas el número del pin).

A su vez, el pin rotulado como GND (del inglés *ground*, o tierra) cierra el circuito; es donde conectaremos el terminal negativo del led.

Una vez localizados los pines GPIO18 y GND en la placa, y con la placa desconectada del ordenador (los montajes se deben realizar siempre con la placa desconectada), se utiliza una placa de pruebas para realizar las siguientes conexiones:

- El terminal positivo del led (el ánodo) se conecta al GPIO18 de la placa.

- El terminal negativo del led (el cátodo) se conecta al GND.

- Se añade una resistencia de 220 Ω en serie con el led. Es indiferente si se conecta a través del terminal positivo o negativo del led; las resistencias no tienen polaridad.

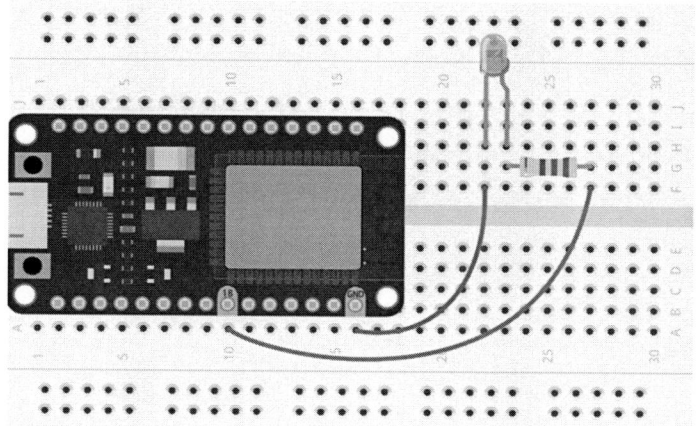

Figura 5.5 Montaje del circuito.

	Arduino	ESP32	Raspberry Pi Pico
GPIO18	D9	D18 / G18	24

Tabla 5.1 Nombre del pin de conexión en distintas placas.

¡Listo! Una vez finalizado el montaje conectaremos la placa al ordenador mediante el cable USB para poder manejar el led desde el entorno de programación.

5.6 Encender y apagar el led

Como comentamos cuando hablamos de los módulos integrados, las funciones relacionadas con el hardware de la placa están incluidas en el módulo `machine`. Nuestro primer contacto con este módulo será a través de la clase `Pin`, que contiene las funciones necesarias para controlar los pines de entrada y salida de la placa (los GPIO).

El primer objetivo que nos vamos a marcar es ser capaces de encender y apagar el led. Dado que este está conectado a un pin de la placa (en nuestro caso, el GPIO18), para encender el led simplemente debemos suministrar un voltaje en dicho pin; de manera análoga, para que el led se apague hay que anular el voltaje en el pin. Esto es equivalente a poner el pin en estado ON para encender el led o en estado OFF para apagarlo.

Bien, pero ¿cómo se le puede dar el valor deseado al estado del pin? Los pasos que hay que seguir son los que se recogen a continuación. No importa si por ahora no los entendemos muy bien; los explicaremos posteriormente con detalle. Ejecutemos las instrucciones en el REPL para ver su efecto.

Empezamos por importar la clase Pin del módulo machine.

```
>>> from machine import Pin
```

Se crea ahora una instancia del objeto Pin y se configura, estableciendo los valores de ciertas propiedades. A este objeto, que está asociado con el pin de la placa que queremos controlar, lo llamamos LED (se le puede poner cualquier otro nombre). Si el pin elegido para la conexión no es el GPIO18 se debe cambiar este número en la instrucción (el número que pongamos es el de la numeración de GPIO, independientemente de la placa que utilicemos; así, por ejemplo, para GPIO18 pondremos 18).

```
>>> LED = Pin(18, Pin.OUT)
```

Finalmente se especifica el valor de salida del pin. Aplicando a nuestro objeto el método on() se establece en ON el nivel lógico del pin.

```
>>> LED.on()
```

Si todo ha ido bien, al ejecutar esta última instrucción el led se habrá encendido. ¿Y si queremos apagarlo? Para ello recurrimos al método `off()`, que pone en `OFF` el estado del pin.

```
>>> LED.off()
```

Primer objetivo cumplido: podemos encender y apagar el led a nuestro antojo.

5.7 La clase `Pin` del módulo `machine`

Para entender mejor las instrucciones anteriores, en este apartado explicaremos con detalle cómo se crean y se utilizan los objetos `Pin` de MicroPython. Un objeto `Pin` (más rigurosamente deberíamos decir "una instancia del objeto `Pin`") no es más que la representación, en lenguaje MicroPython, de un pin de la placa. Podemos decir que el objeto `Pin` es el equivalente en software al pin físico. En consecuencia, actuando sobre el objeto `Pin` en el programa lograremos controlar el pin de la placa.

El constructor

Para crear un objeto `Pin` se utiliza el constructor `Pin()`. En programación orientada a objetos, un constructor es un conjunto de instrucciones diseñado para inicializar instancias de objetos de una clase. Dicho de manera más simple, un constructor es un tipo especial de función que se utiliza para crear objetos y darles ciertos valores a sus propiedades. La sintaxis y los argumentos del constructor se muestran en la siguiente tabla.

BEATRIZ PADÍN / ADRIANA DAPENA

```
Pin(id, mode=x, value=x)
```

Crea una instancia de un objeto `Pin`. Argumentos:

- `id`: es el primer argumento e indica el número del pin de la placa con el que se asocia el objeto. Es el único argumento obligatorio en el constructor.
- `mode`: determina el modo —entrada o salida— en el que se configura el pin. Para un pin de salida (un pin en el que se suministra un voltaje) el valor es `Pin.OUT`; si se configura como pin de entrada, toma el valor `Pin.IN`. Su posición está determinada en el constructor, después de `id`.
- `value`: si el pin se ha configurado como salida (con `Pin.OUT`), este parámetro indica el valor inicial del voltaje suministrado en el pin. Toma el valor `0` o `False` si el pin se inicializa en estado apagado (0 V) y el valor `1` o `True` si se inicializa en estado encendido (3,3 V). Siempre es necesario poner el nombre de este parámetro.

Tabla 5.2 Sintaxis y argumentos del constructor.

Los métodos

Los métodos son funciones que se pueden aplicar a un objeto `Pin` previamente creado para actuar sobre él y modificar su comportamiento. Para aplicar un método a un objeto se escribe el nombre del objeto seguido de un punto y después el nombre del método.

A continuación, se recogen los principales métodos de la clase `Pin`. No es un listado exhaustivo, sino que nos hemos limitado a los necesarios para el problema que nos ocupa (para más información se puede recurrir a la documentación del lenguaje MicroPython que está disponible online).

`init(mode=x, value=x)`	Se configura el pin con los valores de `mode` y `value` suministrados.
`value(x)`	Se establece el valor lógico de un pin configurado como salida. Si el argumento es `0` o `False` se pone en estado apagado (0 V); si es `1` o `True` se pone en estado encendido (3,3 V).
`value()`	Sin argumento, devuelve el valor lógico en que se encuentra un pin: `0` si no hay ningún voltaje aplicado en el pin y `1` en caso contrario.
`on()`	Se establece el valor de salida `1` en el pin (3,3 V). Es equivalente a `value(1)`.
`off()`	Se establece el valor de salida `0` en el pin (0 V). Es equivalente a `value(0)`.

Tabla 5.3 Los principales métodos de la clase `Pin`.

Encender y apagar el led

Volvamos al código con el que hemos encendido y apagado el led.

```
>>> from machine import Pin
>>> LED = Pin(18, Pin.OUT)
>>> LED.on()
>>> LED.off()
```

Después de importar la clase `Pin` hemos utilizado el constructor `Pin()` para crear un objeto `Pin` asociado al GPIO18. A este objeto le hemos

BEATRIZ PADÍN / ADRIANA DAPENA

dado el nombre `LED` y lo hemos configurado como pin de salida, `Pin.OUT`. Finalmente hemos puesto el pin en estado encendido aplicando el método `on()` al objeto `LED`, y lo hemos apagado con `off()`.

Pues bien, existen varias maneras alternativas de conseguir lo mismo. Por ejemplo, podemos usar `value(1)` en lugar de `on()` para encender el led, y `value(0)` para apagarlo.

```
>>> LED.value(1)
>>> LED.value(0)
```

También podemos encender el led en el propio constructor.

```
>>> LED = Pin(18, Pin.OUT, value=1)
```

O podemos crear el objeto sin dar ningún valor a los parámetros y lo configuramos posteriormente.

```
>>> LED = Pin(18)
>>> LED.init(Pin.OUT, value=1)
```

Escogeremos una u otra en función de la funcionalidad del programa y de nuestras preferencias.

5.8 La configuración y el bucle

Hemos encendido y apagado el led escribiendo las instrucciones en el REPL y ejecutándolas una a una. Para conseguir un led intermitente, sin embargo, esta manera de proceder no es en absoluto adecuada; debemos escribir un programa que se encargue de encenderlo y apagarlo automáticamente. Pero, antes de proceder, vamos a analizar la estructura que utilizaremos habitualmente en la programación con microcontroladores: la configuración y el bucle.

La configuración

La configuración recoge las instrucciones que se ejecutan en primer lugar una única vez y lo preparan todo para funcionar correctamente. Si pretendemos conseguir que el led parpadee, debemos importar la clase `Pin` del módulo `machine` y la función `sleep` del módulo `time` para controlar el tiempo que el led estará encendido y apagado. Así mismo, crearemos un objeto `Pin` asociado al GPIO18 y lo inicializaremos como salida. Estas son las instrucciones de configuración.

El bucle

Una vez terminada la fase de configuración, normalmente habrá una serie de instrucciones que deseamos que se repitan una y otra vez. La manera más habitual de conseguirlo es usando el bucle infinito `while True`. Así, dentro del cuerpo del bucle escribiremos las instrucciones de encendido y apagado del led que se repetirá una y otra vez hasta que interrumpamos la ejecución del programa pulsando el botón de Stop del interfaz o con la combinación de teclas Ctrl+C.

5.9 El led intermitente

Siguiendo la estructura que acabamos de comentar, una posible implementación del programa que hace parpadear el led de manera intermitente es la siguiente. Escribamos el programa en el editor y comprobemos que el led se comporta de la manera deseada. Cuidado con los espacios: en Python el cuerpo del bucle debe ir correctamente indentado —lo más habitual es poner cuatro espacios o un tabulador—, de lo contrario se obtiene un error.

```
from machine import Pin
from time import sleep
LED = Pin(18, Pin.OUT)
while True:
    LED.on()
    sleep(1)
    LED.off()
    sleep(1)
```

Al ejecutar el programa, el led se enciende de manera intermitente.

Una vez dentro del bucle, la ejecución del programa queda "atrapada" en su interior. Se puede parar la ejecución desde el editor pulsando el botón de Stop o simplemente desconectando la placa del ordenador.

5.10 El operador `not`

Una manera más compacta de escribir el programa de encendido y apagado del led es recurriendo al método `value()`. Como hemos visto, este método, sin argumento, lee el valor del pin y devuelve 1 si el pin está encendido o 0 si está apagado; con argumento, establece el valor lógico del pin. Por otro lado, el operador lógico `not` de Python (negación) convierte un 1 en un 0 y un 0 en un 1. Usando el operador `not` y el método `value()` obtenemos la siguiente versión del mismo programa; haciéndolo así necesitamos especificar el estado lógico inicial del led (por ejemplo, con el parámetro `value=0` en el constructor).

```
from machine import Pin
from time import sleep
```

```
LED = Pin(18, Pin.OUT, value=0)
while True:
    LED.value(not LED.value())
    sleep(1)
```

5.11 Cambiar la frecuencia

Si se quiere que el led parpadee más rápida o lentamente solo hay que cambiar el número de segundos dentro de la función `sleep`. Por ejemplo, para aumentar diez veces la frecuencia de parpadeo del led, el tiempo de espera sería 0.1 s en lugar de 1 s. En tal caso, en vez de `sleep` utilizaremos `sleep_ms`, poniendo el tiempo en milisegundos. Hemos añadido además la variable `INTERVALO`, cuyo valor es el tiempo de encendido y apagado; así, si se desea cambiar el intervalo de parpadeo, solo hay que modificar el valor de esta variable.

```
from machine import Pin
from time import sleep_ms
LED = Pin(18, Pin.OUT, value=0)
INTERVALO = 100
while True:
    LED.value(not LED.value())
    sleep_ms(INTERVALO)
```

5.12 Encender dos ledes

Sabemos ya cómo conectar y controlar un led. Sin embargo, la señal luminosa de las boyas que queremos simular implica el uso de dos ledes, uno verde y otro rojo. Empecemos con el montaje del circuito. Además del microcontrolador, la placa de pruebas y los cables de conexión, usaremos dos ledes, uno verde y uno rojo, cada uno con su respectiva resistencia de 220 Ω.

Dado que debemos controlar dos ledes, necesitamos conectarlos a sendos GPIO de la placa. Hemos escogido el GPIO18 para conectar el led verde y el GPIO21 para el led rojo (se pueden usar otros, en cuyo caso hay que cambiar los números en los programas). En la tabla siguiente se recoge el nombre que tienen estos pines en diferentes placas (en caso de duda se debe consultar la documentación).

Led	GPIO	Arduino	ESP32	Raspberry Pi Pico
Verde	GPIO18	D9	D18 / G18	24
Rojo	GPIO21	D10	D21 / G21	27

Tabla 5.4 Nombres de los pines en diferentes placas.

El montaje con los dos ledes es totalmente análogo al de un único led; se puede utilizar la Figura 5.6 como referencia. En este caso hemos usado el bus inferior de la placa de pruebas como conexión común a GND.

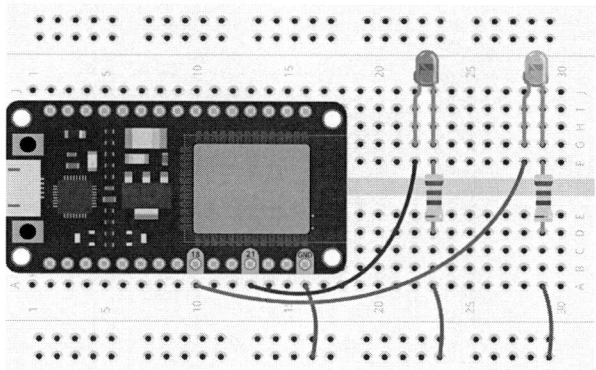

Figura 5.6 Montaje del circuito.

Conectamos ahora la placa al ordenador y para comprobar que el circuito está bien montado escribimos estas instrucciones en el REPL.

```
>>> from machine import Pin
>>> LED_VERDE = Pin(18, Pin.OUT, value=1)
>>> LED_ROJO = Pin(21, Pin.OUT, value=1)
```

Dado que en el constructor hemos puesto el parámetro `value=1` deberían encenderse los dos ledes. Si alguno no se enciende se deben comprobar las conexiones.

5.13 Señal intermitente

Una vez que el circuito está correctamente montado vamos a programarlo para que se enciendan los dos ledes de manera intermitente. Primero hay que tomar ciertas decisiones sobre la manera en que van a parpadear. Por ejemplo, ¿cuál va a ser la frecuencia de parpadeo? ¿Esta frecuencia será siempre la misma? ¿Se encenderán y apagarán de manera simultánea o consecutivamente? Después de contestar estas preguntas, y dado que no hay ningún concepto de programación nuevo, animamos a los lectores a que intenten escribir el programa sin mirar la respuesta.

Mostramos una posible solución al problema planteado.

```
from machine import Pin
from time import sleep
LED_VERDE = Pin(18, Pin.OUT, value=1)
LED_ROJO = Pin(21, Pin.OUT, value=0)
# Tiempo entre destellos (s)
INTERVALO = 1
while True:
    # Los ledes parpadean alternativamente
    LED_VERDE.value(not LED_VERDE.value())
    LED_ROJO.value(not LED_ROJO.value())
    sleep(INTERVALO)
```

Con este programa hemos dado respuesta al reto de simular la señalización luminosa intermitente para los navegantes; como ejercicio proponemos variar la manera en la que las luces parpadean.

Llegados a este punto nos invade una sensación de orgullo muy grande al ver cómo se encienden y apagan los ledes, especialmente si es la primera vez que utilizamos un microcontrolador. Pero este programa se puede mejorar. Para descubrir cómo, sigamos leyendo.

5.14 Los *timers*

La función `sleep` que hemos usado para controlar el tiempo de encendido y apagado del led es una función bloqueante. Esto quiere decir que, mientras se está ejecutando, el programa se queda bloqueado; por tanto, durante el tiempo especificado el microcontrolador no puede realizar ninguna otra tarea. Nada. Lo cual, se mire como se mire, es un verdadero desperdicio de recursos. ¿Y si, en vez de estar de brazos cruzados esperando a que pase el tiempo, quisiésemos que el programa avanzase? La respuesta es que con `sleep` no se puede. La buena noticia es que hay diferentes maneras de controlar el tiempo sin que el microcontrolador se quede bloqueado. Una de ellas es utilizando *timers*.

Los *timers* son mecanismos del hardware de la placa que se ocupan de gestionar períodos de tiempo. Aunque son elementos que varían mucho entre diferentes placas (de hecho, el ESP32 tiene cuatro *timers,* mientras que la Raspberry Pi pico solo dispone de uno), MicroPython ofrece funciones básicas que son comunes a todas ellas.

Las funciones para controlar este elemento están en la clase `Timer` del módulo `machine`. Mostramos a continuación la sintaxis del constructor.

`Timer(id)`
Crea una instancia de un objeto `Timer`. El argumento `id` es el número del *timer* de la placa con el que se asocia el objeto. Puede *tomar* los siguientes valores, dependiendo de la placa: • En ESP32 y Arduino indica el *timer* que se está utilizando: 0, 1, 2... Si se usa el *timer* virtual (de software), el valor será −1.   • En la Raspberry Pi Pico se debe usar el valor −1, o, si no, se usa el constructor sin argumento.

Tabla 5.5 Sintaxis de `Timer`.

BEATRIZ PADÍN / ADRIANA DAPENA

Los métodos básicos que se pueden aplicar a un objeto `Timer` son los siguientes:

`init(mode=x, period=x, callback=x)`	Se configura el objeto `Timer`. Argumentos: • `period`: El período del *timer*, en milisegundos. • `mode`: Puede tomar los valores `Timer.ONE_SHOT` (el *timer* se ejecuta una sola vez, cuando haya transcurrido el tiempo indicado en `period`) o `Timer.PERIODIC` (el *timer* se ejecuta de manera periódica cada vez que finaliza el tiempo indicado en `period`). • `callback`: Función que se ejecuta al finalizar el tiempo indicado en `period`. En su definición, esta función debe llevar necesariamente un argumento, y uno solo. Los argumentos deben ir precedidos por el nombre del parámetro, por tanto, se pueden situar en el orden que se desee.
`deinit()`	Para el *timer* y lo desactiva.

Tabla 5.6 Métodos básicos de la clase `Timer`.

Reescribamos el programa del parpadeo de los dos ledes, pero esta vez controlando el tiempo con *timers*. Para ello el encendido y apagado lo debemos poner dentro de una función, a la que hemos llamado `parpadeo()`, que será la función que se ejecute cada vez que pase el tiempo indicado en el período del *timer*.

Si trabajamos con las placas ESP32 o Arduino se puede usar, por ejemplo, el *timer* 0, por lo que la sintaxis del constructor sería `Timer(0)`; sin embargo, con la Raspberry Pi Pico la instrucción debe ser `Timer()`. Otra opción es recurrir a un *timer* virtual (no está disponible en todas las placas), manejado por software, en cuyo caso la instrucción sería `Timer(-1)`. Se debe poner en el programa el *timer* adecuado a la placa con la que estemos trabajando.

```python
from machine import Pin, Timer
# Ledes
LED_VERDE = Pin(18, Pin.OUT, value=1)
LED_ROJO = Pin(21, Pin.OUT, value=0)
# Se usa el timer 0 para ESP32 y Arduino
# Cambiar a TIMER = Timer() si se usa Raspberry Pi
TIMER = Timer(0)
# Intervalo de parpadeo (ms)
INTERVALO = 500
def parpadeo(t):
    # Los ledes parpadean alternativamente
    LED_VERDE.value(not LED_VERDE.value())
    LED_ROJO.value(not LED_ROJO.value())
# Se inicializa el timer
TIMER.init(period=INTERVALO, mode=Timer.PERIODIC,
callback=parpadeo)
```

El *timer* que hemos creado, al que hemos llamado `TIMER`, llama a la función `parpadeo` de manera periódica cada vez que pasan los milisegundos indicados en `period`.

Si se ejecuta el programa, los ledes parpadean igual que antes, pero hemos evitado el uso de la función bloqueante `sleep`. De hecho, si nos fijamos en el editor, mientras los ledes parpadean el *prompt* del REPL (>>>) está activo, cosa que no sucedía con la versión anterior del programa.

Para conseguir que los ledes dejen de parpadear pulsamos Stop en el editor o llamamos en el REPL al método `deinit()` para desactivar el *timer*.

```
>>> TIMER.deinit()
```

5.15 Independizar el proyecto

Aunque ya tenemos un prototipo funcional de boya luminosa intermitente, hay un problema muy obvio: el programa lo estamos ejecutando desde el entorno de programación en nuestro ordenador y eso es, cuando menos, poco deseable. Una característica esperable en la gran mayoría de proyectos con microcontroladores es que sean autosuficientes, en el sentido de que no necesiten estar conectados a un ordenador para funcionar. Pues bien, el primer paso para la autonomía del proyecto es guardar el programa en la placa con el nombre `main.py`, para que se ejecute automáticamente.

La manera de hacerlo ya la hemos visto en un capítulo anterior, pero recordemos los pasos a seguir. Con la placa conectada, en el menú "Fichero" seleccionamos "Guardar como...". En la ventana que aparece hacemos clic en el botón "Dispositivo MicroPython". Aceptamos y ponemos como nombre de archivo `main.py` (si ya existía en la placa un archivo con este nombre, lo sobrescribimos). Y con estos simples pasos ya está el archivo guardado en la placa.

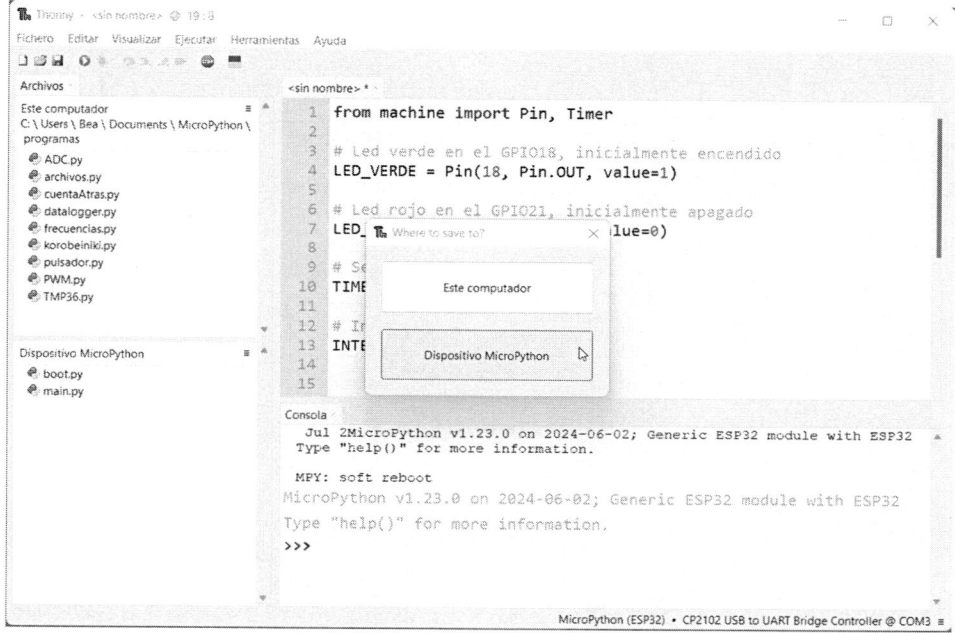

Figura 5.7 Cómo guardar el programa en la placa, primeros pasos.

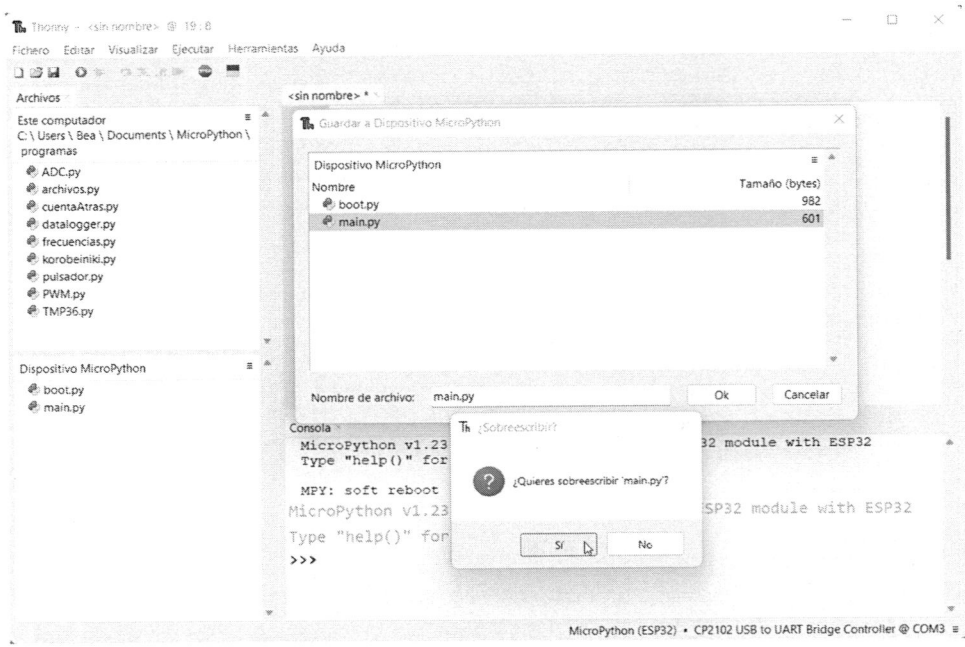

Figura 5.8 Cómo guardar el programa en la placa; si ya existe en la placa un archivo con el mismo nombre, lo sobrescribimos.

Haciéndolo así el programa se ejecutará desde el propio microcontrolador, con lo que ya se puede desconectar del ordenador. Eso sí, ahora la placa ya no está recibiendo algo que es imprescindible para su funcionamiento: corriente. Se necesita algo que la alimente; lo más rápido y cómodo es conectarla a un *power bank* como los que se utilizan para cargar el móvil. Y, ahora sí, el proyecto es totalmente independiente y podemos llevarlo a donde queramos.

En resumen

En este capítulo nos hemos centrado en la escritura de señales digitales, uno de los aspectos básicos de la programación de microcontroladores. Hemos conectado un led a la placa y, para controlarlo, hemos tenido nuestro primer contacto con el módulo `machine` de MicroPython a través de la clase `Pin`. Hemos analizado el flujo habitual de trabajo en un microcontrolador, distinguiendo las instrucciones de configuración de las que se repiten en bucle. Con el bucle `while True` hemos escrito instrucciones cuya ejecución se repite sin parar. Nos hemos ayudado de las funciones `sleep` y `sleep_ms` para controlar el tiempo y hemos introducido los *timers* como una herramienta alternativa a estas funciones. Finalmente, hemos subido el programa a la placa para poder instalar donde deseemos la boya luminosa que hemos fabricado.

CAPÍTULO 6
Lámpara de señales

En este capítulo seguiremos trabajando con señales digitales. En el capítulo anterior vimos cómo "escribirlas", lo que nos permitió encender y apagar un dispositivo; ahora aprenderemos cómo "leerlas". Nuestro principal objetivo es ser capaces de detectar si se está o no recibiendo una determinada señal para poder actuar en consecuencia. Con los conocimientos adquiridos podremos incorporar en los proyectos un elemento fundamental en cualquier dispositivo electrónico: la interacción con el usuario.

En cuanto al material, junto a la placa, la *protoboard* y algunos cables de conexión usaremos lo siguiente:

- Un led verde
- Un led rojo
- Dos resistencias de 220 Ω
- Tres pulsadores

6.1 Proyecto "Lámpara de señales"

La Organización de Aviación Civil Internacional es el organismo que fija las normas y recomendaciones que deben seguir los Estados en cuanto a las reglas generales de vuelo y uso del espacio aéreo. En su publicación *Reglamento del aire* se recogen las señales luminosas que, en el caso de un fallo en las comunicaciones por radio, permiten el control del tráfico aéreo. Para emitir estas señales se utiliza una lámpara de señales.

Una lámpara de señales es un dispositivo que emite un haz de luz —verde, rojo o blanco— que puede estar en estado continuo o intermitente. Un operario en la torre de control dirige hacia la aeronave este haz para informar al piloto de cómo debe proceder. Por ejemplo, si el piloto de una nave en vuelo recibe una luz verde fija está autorizado para aterrizar; una luz roja fija le indica que debe ceder el paso a las otras aeronaves; una luz roja y verde alterna es una advertencia cuyo significado es "Extreme la precaución", y una serie de destellos rojos le avisa de que el aeródromo es peligroso y que, por tanto, no debe aterrizar.

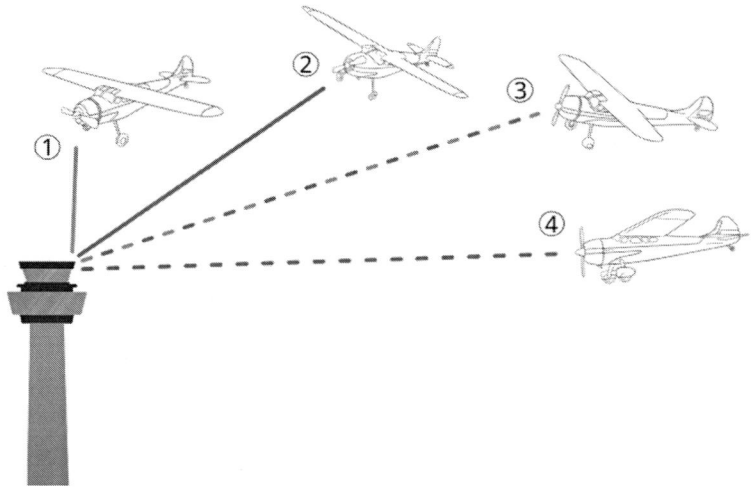

Figura 6.1 Distintas señales luminosas dirigidas desde el control de aeródromo a las aeronaves en vuelo: (1) autorizado para aterrizar, (2) ceda el paso a las otras aeronaves, (3) extreme la precaución y (4) no aterrice.

Nuestra misión en este capítulo es fabricar un prototipo de una lámpara de señales. Las señales serán emitidas por dos ledes, uno verde y uno rojo, y la selección del tipo de señal se hará mediante pulsadores.

6.2 El pulsador

Un elemento fundamental en cualquier circuito eléctrico es el interruptor. Un interruptor, como su nombre indica, sirve para interrumpir el paso de la corriente eléctrica —por ejemplo, el interruptor que usamos a diario para apagar y encender la luz—. Su funcionamiento se basa en impedir o permitir la conexión eléctrica entre sus terminales. Pues bien, en electrónica es muy habitual utilizar unos interruptores momentáneos, los pulsadores, que solo permiten el paso de la corriente mientras están siendo pulsados; una vez se sueltan, la corriente se vuelve a interrumpir. A estos pulsadores se les llama "normalmente abiertos", ya que en estado normal (es decir, no pulsado) producen que el circuito esté abierto y, en consecuencia, no circula la corriente.

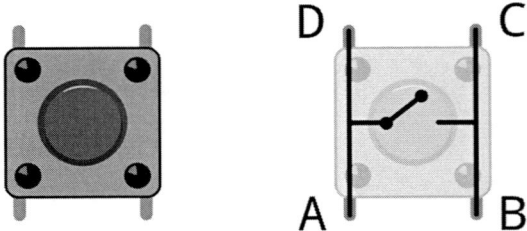

Figura 6.2 Izquierda: Un pulsador. Derecha: El pulsador, por dentro.

Un pulsador habitualmente tiene cuatro patitas o terminales. Sin embargo, para conectarlo solo hacen falta dos cables. Entonces, ¿a qué terminales se conectan los cables? Para contestar esta pregunta debemos ver cómo es el pulsador por dentro. Nombrando los terminales con las letras A, B, C y D, como en el dibujo, los puntos A y D están unidos internamente y, por tanto, eléctricamente son el mismo punto; lo mismo se puede decir de B y C. En conclusión, para hacer las conexiones debemos conectar uno de los cables al terminal A o D, y el otro, a B o C. De esta manera se consigue que, mientras no se pulsa el pulsador, el circuito esté abierto y no circule la corriente; cuando se pulsa, el circuito se cierra y, en consecuencia, circula la corriente.

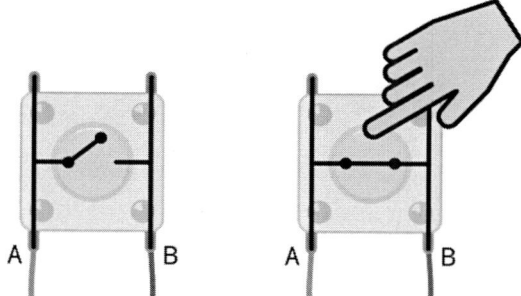

Figura 6.3 Funcionamiento de un pulsador normalmente abierto. Izquierda: Cuando el pulsador está en estado normal —no pulsado— el interruptor está abierto, por lo que los terminales A y B no están conectados y no circula la corriente. Derecha: Al pulsarlo, y solo mientras se mantiene pulsado, se cierra el interruptor y, en consecuencia, se conectan eléctricamente A y B, permitiendo el paso de la corriente.

6.3 Las conexiones

Siguiendo las indicaciones del apartado anterior, conectamos el pulsador al microcontrolador de la siguiente manera:

- Un terminal del pulsador a un pin digital del microcontrolador.
- El otro terminal del pulsador a GND.

Dado que un pulsador no tiene polaridad, es irrelevante cuál de ellos se conecte al pin de señal y cuál a GND.

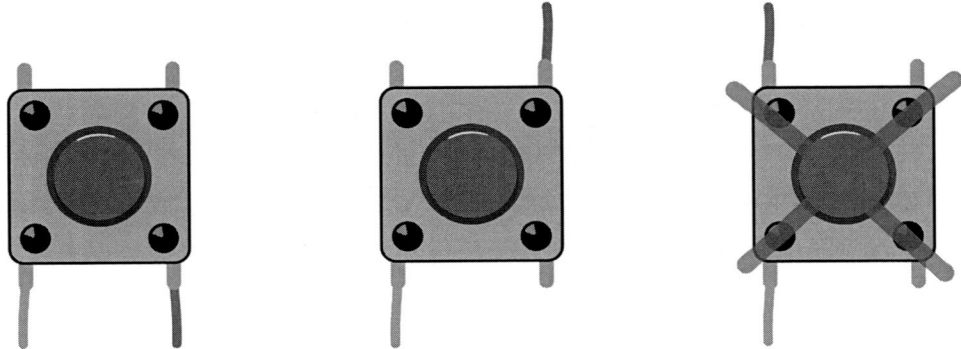

Figura 6.4 Dos maneras correctas de conectar el pulsador (izquierda y centro) y una incorrecta (derecha).

En este ejemplo usaremos el GPIO17 para leer el estado del pulsador. Este GPIO tiene un nombre diferente dependiendo de la placa: en Arduino es el D8; en ESP32, dependiendo del modelo, puede ser el TX2 o el G17, y en la Raspberry Pi Pico es el pin número 22.

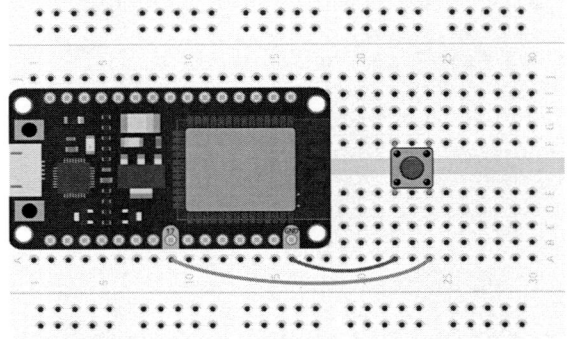

Figura 6.5 Montaje del circuito.

	Arduino	ESP32	Raspberry Pi Pico
GPIO17	D8	TX2 / G17	22

Tabla 6.1 Nombre del pin de conexión en distintas placas.

¿Y la resistencia?

Esto es todo lo que se necesita para utilizar un pulsador en un proyecto, aunque con un matiz. Para que la lectura del pulsador sea correcta, es imprescindible añadir en el montaje una resistencia. Y, sin embargo, podemos conseguir que el circuito anterior funcione perfectamente sin añadir más componentes. ¿Cómo? Resulta que muchos microcontroladores —entre los que se encuentran los que estamos utilizando— tienen una resistencia interna que podemos activar con software y así evitamos añadir la resistencia externa. ¡Muy útil!

Resistencia *pull up* y *pull down*

Para obtener una lectura estable en el pulsador es imprescindible añadir una resistencia. Si la resistencia que se usa es externa, existen dos maneras diferentes de conectar el circuito: con la resistencia en modo *pull up* o en modo *pull down* (hay multitud de referencias en línea para ver cómo montar los circuitos respectivos). Sin embargo, si se usa la resistencia interna, la única que está disponible en los microcontroladores más habituales es la *pull up*.

Aparte del montaje del circuito, hay otra diferencia fundamental entre ambos modos: con resistencia *pull up*, si el botón está pulsado, el microcontrolador detecta `LOW` o `0`, y si no está pulsado, detecta `HIGH` o `1` (tanto si la resistencia es externa como si es interna); con resistencia *pull down*, por contra, pulsado es `HIGH` y no pulsado es `LOW`.

6.4 Lectura del pulsador

Una vez que está montado el circuito, veamos cómo puede el microcontrolador leer el estado del pulsador. Dado que el pulsador proporciona una señal digital (o está pulsado o no lo está, no hay más opciones), el procedimiento es análogo al seguido cuando encendimos y apagamos el led.

El estado del pulsador lo leeremos a través de un pin de la placa, por lo que volveremos a recurrir a la clase `Pin` del módulo `machine`. Como vimos en el capítulo anterior, para trabajar con las funciones de la case `Pin` primero hay que crear un objeto `Pin`, que no es más que una abstracción en lenguaje MicroPython del pin físico. Dado que ahora el pin tiene conectado un pulsador cuyo valor queremos leer —en vez de un led cuyo valor queremos escribir—, aquí es donde aparecen las primeras diferencias.

Recordemos la sintaxis del constructor `Pin()`, ya que ahora aparece un argumento nuevo.

`Pin(id, mode=x, pull=x)`

Crea una instancia de un objeto `Pin`. Argumentos:
   • `id`: identificador del pin que queremos controlar.
   • `mode`: como va a ser un pin de lectura, tomará el valor `Pin.IN`.
   • `pull`: determina si se activa o no la resistencia interna del microcontrolador. Toma el valor `None` si no se activa (es el valor por defecto) o el valor `Pin.PULL_UP` si se activa. Dado que para simplificar el montaje no hemos incluido una resistencia externa, debemos activarla.
No es necesario especificar el nombre de los parámetros `mode` y `pull` si se mantiene el orden en el que están definidos en el constructor.

Tabla 6.2 Sintaxis del constructor `Pin()`.

Las siguientes instrucciones crean una instancia del objeto `Pin` y lo asocian a la variable `PULSADOR`. De esta manera, cada vez que queramos acceder al pin en el que está conectado el pulsador lo haremos a través de dicha variable.

```
>>> from machine import Pin
>>> PULSADOR = Pin(17, Pin.IN, Pin.PULL_UP)
```

Uno de los métodos de la clase `Pin` es `value()`. Vimos con anterioridad que esta función, usada sin argumentos, devuelve el valor lógico en el que se encuentra el pin. Por tanto, para leer el valor en el que está el pulsador aplicaremos dicho método al objeto `PULSADOR` recién creado.

```
>>> PULSADOR.value()
```

Ejecutamos la instrucción anterior en el REPL, tanto con el botón pulsado como con el botón sin pulsar. Cuando el botón está sin pulsar el valor devuelto por `value()` es 1, y cuando está pulsado es 0.

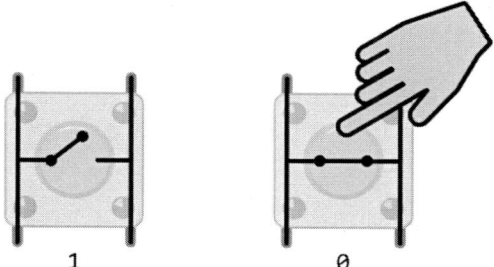

Figura 6.6 Con el pulsador abierto, `PULSADOR.value()` toma el valor 1. Cuando se pulsa, el interruptor se cierra y `PULSADOR.value()` vale 0.

Con este sencillo ejemplo hemos conseguido leer una señal digital con el microcontrolador.

6.5 ¿Pulsado o no?

Ahora que ya sabemos cómo funciona el pulsador, proponemos al lector que escriba un programa que muestre continuamente el estado en que se encuentra el pulsador. Para hacerlo no se necesita ningún concepto más allá de lo visto hasta ahora.

Recogemos aquí una posible solución.

```
from machine import Pin
from time import sleep_ms
PULSADOR = Pin(17, Pin.IN, Pin.PULL_UP)
while True:
    print(PULSADOR.value())
    sleep_ms(200)
```

Algo que se debe hacer cuando se lee el estado de un pulsador es añadir un pequeño retardo antes de volver a leerlo; por este motivo hemos añadido la instrucción `sleep_ms()`. Al ejecutar el programa se obtiene una retahíla de unos si el botón no está pulsado y de ceros mientras el botón está pulsado. Lo anterior se puede mejorar imprimiendo un mensaje que sea más significativo que los ceros y unos, por ejemplo, "Pulsado" y "No pulsado". Para ello primero debemos comprobar en cuál de los dos estados se encuentra el pulsador, para lo que utilizaremos el condicional `if-else`.

La instrucción `if PULSADOR.value() == 1` quiere decir "si `PULSADOR` está en estado 1", es decir, no pulsado. A su vez, la instrucción `else` implica el caso contrario, o sea, que `PULSADOR` esté en estado 0 o pulsado.

```
from machine import Pin
from time import sleep_ms
PULSADOR = Pin(17, Pin.IN, Pin.PULL_UP)
while True:
    if PULSADOR.value() == 1:
        print("No se está pulsando el botón")
    else:
        print("Se está pulsando el botón")
    sleep_ms(200)
```

Se obtiene el mismo resultado que con los ceros y los unos, pero ahora es más fácil de entender.

6.6 Tres pulsadores

Para controlar tres pulsadores la única complicación es que hay más cables para conectar y el programa será un poco más largo, pero, por lo demás, nada nuevo.

Para montar el circuito con tres pulsadores, además del GPIO17, utilizaremos el GPIO13 y el GPIO14. En la tabla inferior mostramos los números de dichos pines en diferentes placas (aunque en la placa Arduino dos pines están marcados como analógicos, todos los pines analógicos pueden ser usados como digitales).

	GPIO	Arduino	ESP32	Raspberry Pi Pico
Pulsador 1	GPIO17	D8	TX2 / G17	22
Pulsador 2	GPIO14	A7	D14 / G14	19
Pulsador 3	GPIO13	A6	D13 / G13	17

Tabla 6.3 Nombres de los pines de conexión en distintas placas.

Si la placa ESP32 es demasiado ancha para poder hacer las conexiones como en la imagen, se pueden utilizar dos *breadboards* juntas.

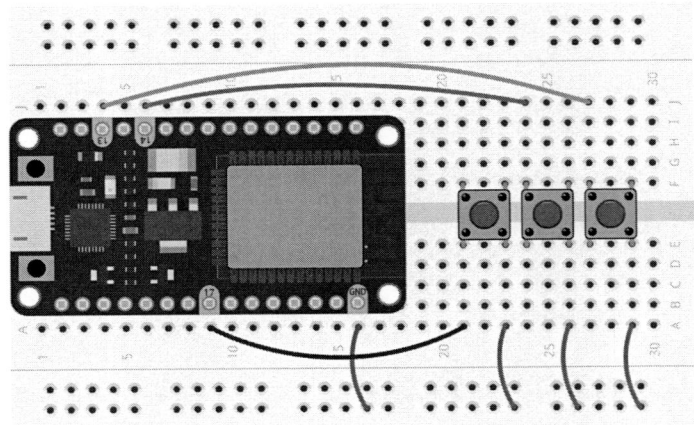

Figura 6.7 Montaje del circuito.

Más adelante haremos cosas más sofisticadas con los tres pulsadores, pero, por ahora, lo único que queremos es mostrar en el REPL cuál es el botón que se está pulsando. Esta vez usaremos el condicional if-elif-else de Python para comprobar en qué botón la señal es 0 (es decir, qué botón está pulsado).

```
from machine import Pin
from time import sleep_ms
PULSADOR_1 = Pin(17, Pin.IN, Pin.PULL_UP)
PULSADOR_2 = Pin(14, Pin.IN, Pin.PULL_UP)
PULSADOR_3 = Pin(13, Pin.IN, Pin.PULL_UP)
while True:
    if PULSADOR_1.value() == 0:
        print("Se está pulsando el botón 1")
    elif PULSADOR_2.value() == 0:
```

```
    print("Se está pulsando el botón 2")
  elif PULSADOR_3.value() == 0:
    print("Se está pulsando el botón 3")
  else:
    print("No se está pulsando ningún botón")
  sleep_ms(200)
```

Al ejecutar el programa, dependiendo del botón que se pulse, obtendremos la salida correspondiente.

6.7 El led y el pulsador

El paso siguiente consiste en utilizar la información leída en un pulsador para hacer algo útil. ¿Qué tal si, por ejemplo, usamos el pulsador para encender y apagar un led? De nuevo, los conceptos necesarios ya han sido tratados con anterioridad, así que animamos al lector a hacer el montaje y escribir los programas por su cuenta antes de mirar la solución.

Lo primero es montar el circuito. Solo tenemos que poner juntos los dos montajes ya realizados —el del led y el del pulsador—. Usaremos los siguientes pines (pueden cambiarse):

	GPIO	Arduino	ESP32	Raspberry Pi Pico
Pulsador	GPIO17	D8	TX2 / G17	22
Led	GPIO18	D9	D18 / G18	24

Tabla 6.4 Nombres de los pines de conexión en distintas placas.

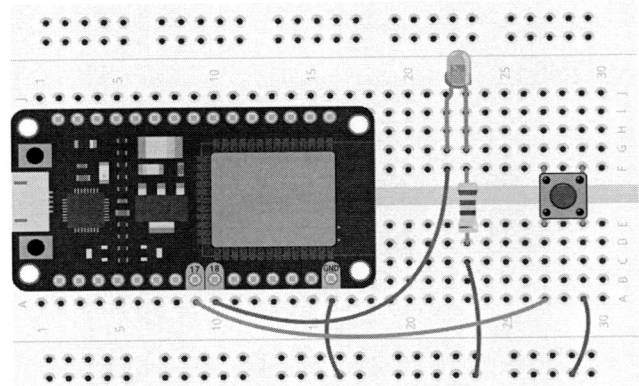

Figura 6.8 Montaje del circuito.

Hay diferentes maneras de controlar un led usando un pulsador. Una manera consiste en que el led se mantenga encendido únicamente mientras el botón está siendo pulsado y se apague cuando se deja de pulsar. También se puede hacer que el estado del led cambie de encendido a apagado, y viceversa, cada vez que se pulse el botón. Veremos ambas opciones en los próximos apartados.

6.8 Manejar el led con el pulsador (versión 1)

Una manera de manejar el led es que se encienda únicamente mientras el botón esté pulsado y se apague cuando se deja de pulsar. Para conseguirlo comprobamos si el valor de `PULSADOR` es `0`, lo que indica que el botón está pulsado; en ese caso se enciende el led. Si, por contra, el valor de `PULSADOR` no es `0`, el botón no está siendo pulsado y el led se apaga. Al poner esta comprobación dentro del bucle `while True`, el microcontrolador está continuamente controlando el estado del pulsador para decidir si encender o apagar el led.

```
from machine import Pin
PULSADOR = Pin(17, Pin.IN, Pin.PULL_UP)
LED = Pin(18, Pin.OUT)
while True:
    # Botón pulsado
    if PULSADOR.value() == 0:
        LED.value(1)
    # Botón no pulsado
    else:
        LED.value(0)
```

6.9 Manejar el led con el pulsador (versión 2)

En esta ocasión deseamos que el estado del led cambie de encendido a apagado, y viceversa, cada vez que se pulsa el botón. En tal caso, la pulsación del botón (`PULSADOR.value() == 0`) produce el cambio en el estado actual del led: si el led estaba en estado 0 pasa a estado 1, y si estaba en estado 1 pasa a 0. De este cambio en el estado se encarga el operador `not`.

```
from machine import Pin
from time import sleep_ms
PULSADOR = Pin(17, Pin.IN, Pin.PULL_UP)
LED = Pin(18, Pin.OUT, value=0)
while True:
    if PULSADOR.value() == 0:
        LED.value(not LED.value())
    sleep_ms(200)
```

6.10 El reto

Estamos ya en condiciones de afrontar el reto propuesto al principio del capítulo: construir una lámpara de señales. Como en todos los circuitos y programas presentados en este manual, siempre hay más de una manera de hacer las cosas. Aquí presentamos una posible solución para que sirva como ayuda. Pero seguro que es mejorable, así que se puede modificar, quitar o ampliar lo que se desee para darle un toque personal al proyecto.

El problema

Empezaremos definiendo el problema que queremos resolver. Para que el programa no quede demasiado largo, nuestra lámpara de señales solo va a emitir tres señales:

- Luz verde fija, que indica autorización para aterrizar.

- Serie de destellos rojos, para avisar de que el aeródromo es peligroso y la aeronave no debe aterrizar.

- Luz alterna roja y verde, señal de advertencia para extremar la precaución.

Cada señal será activada por un pulsador diferente. Además, la señal solo estará activa mientras se esté pulsando el botón correspondiente.

Pulsador	Señal	Significado
1	Verde fija	Autorizado para aterrizar
2	Serie de destellos rojos	Peligro, no aterrice
3	Alterna roja y verde	Extreme la precaución

Tabla 6.5 Relación entre pulsadores y tipos de señal y su significado.

El circuito

Como hemos establecido en las especificaciones del problema, utilizaremos tres pulsadores (uno para cada señal) y dos ledes, uno verde y otro rojo. Los pines de conexión que hemos elegido son los siguientes:

	GPIO	Arduino	ESP32	Raspberry Pi Pico
Led verde	18	D9	D18 / G18	24
Led rojo	21	D10	D21 / G21	27
Pulsador 1	17	D8	TX2 / G17	22
Pulsador 2	14	A7	D14 / G14	19
Pulsador 3	13	A6	D13 / G13	17

Tabla 6.6 Nombres de los pines de conexión en distintas placas.

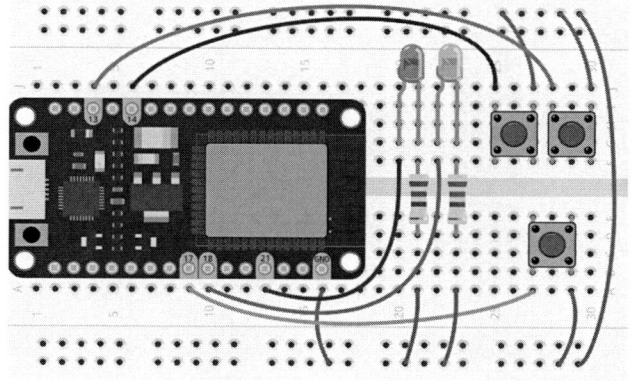

Figura 6.9 Montaje del circuito.

El programa

```
from machine import Pin
from time import sleep_ms
PULSADOR_1 = Pin(17, Pin.IN, Pin.PULL_UP)
PULSADOR_2 = Pin(14, Pin.IN, Pin.PULL_UP)
PULSADOR_3 = Pin(13, Pin.IN, Pin.PULL_UP)
LED_VERDE = Pin(18, Pin.OUT, value=0)
LED_ROJO = Pin(21, Pin.OUT, value=0)
# Tiempo entre destellos (en ms)
INTERVALO = 500


def apagado():
    LED_VERDE.value(0)
    LED_ROJO.value(0)


def aterrice():
    LED_VERDE.value(1)


def peligro():
    LED_ROJO.value(not LED_ROJO.value())
    sleep_ms(INTERVALO)
```

```
def precaucion():
    LED_VERDE.value(1)
    LED_ROJO.value(0)
    sleep_ms(INTERVALO)
    LED_VERDE.value(0)
    LED_ROJO.value(1)
    sleep_ms(INTERVALO)

while True:
    if PULSADOR_1.value() == 1 and PULSADOR_2.value()
== 1 and PULSADOR_3.value() == 1:
        apagado()
    elif PULSADOR_1.value() == 0:
        aterrice()
    elif PULSADOR_2.value() == 0:
        peligro()
    elif PULSADOR_3.value() == 0:
        precaucion()
```

Hemos utilizado el operador lógico and de Python para comprobar si varias condiciones se verifican al mismo tiempo (que los tres pulsadores estén en estado no pulsado). Ejecutando el programa comprobamos que se emite la señal correspondiente cada vez que se pulsa un botón, y que si no hay ningún botón pulsado ambos ledes están apagados.

BEATRIZ PADÍN / ADRIANA DAPENA

Subirlo a la placa

Ya tenemos montada la lámpara de señales y hemos comprobado que funciona correctamente. Si guardamos el programa en la placa con el nombre `main.py` y la conectamos a un power bank, el programa se ejecutará desde el microcontrolador, con lo que ya tenemos un dispositivo independiente del ordenador.

En resumen

El presente capítulo complementa lo visto en el anterior sobre señales digitales. Hemos aprendido cómo se lee una señal digital; en particular, hemos accedido al valor del estado de un pulsador. Para ello hemos introducido un nuevo argumento, `pull`, en el constructor `Pin()`. Hemos utilizado la estructura condicional `if-elif-else` para controlar el flujo de ejecución de un programa y hemos recurrido al uso de funciones para hacer más modular el código. Finalmente, hemos juntado los conocimientos sobre lectura y escritura de señales digitales para aplicarlos al caso práctico de controlar un led usando un pulsador. Con todo lo aprendido hemos montado un sencillo sistema de control de guiado de aeronaves con luces led.

CAPÍTULO 7
Rojo, verde y azul

En el presente capítulo introduciremos las señales analógicas. Aprenderemos cómo generarlas usando la técnica de modulación por ancho de pulso, o PWM, que es una herramienta fundamental en el trabajo con microcontroladores. Vaya por delante que, dada la importancia de los conceptos que trabajaremos, este es un capítulo con bastante contenido teórico, aunque está continuamente respaldado por ejercicios prácticos. Pero hemos preferido extendernos para que los conceptos, que no son en absoluto intuitivos, queden bien afianzados y puedan ser aplicados en contextos diferentes a los mostrados.

El material que utilizaremos es el siguiente:

- 1 led, de cualquier color
- 1 led RGB
- 3 resistencias de 220 Ω

7.1 Proyecto "Rojo, verde y azul"

En el año 2014 el Premio Nobel de Física fue concedido a Isamu Akasaki, Hiroshi Amano y Shuji Nakamura por el invento del led azul. Los diodos semiconductores que emitían luz verde y roja ya se fabricaban desde hacía décadas, pero el azul no se inventó hasta principios de los 90. Su descubrimiento no solo propició la creación de una fuente de luz energéticamente eficiente y responsable con el medio ambiente —la iluminación con ledes—, sino que también impulsó el desarrollo de las pantallas de televisores, móviles y ordenadores que usamos en la actualidad.

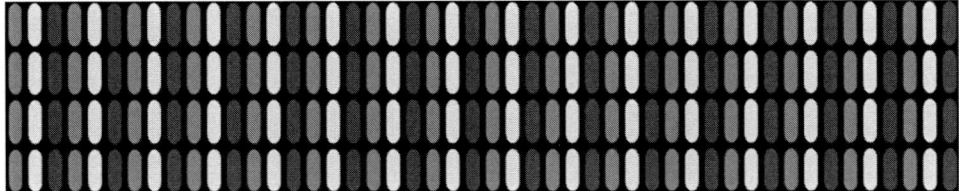

Rojo, verde y azul son los colores primarios de la luz. Eso quiere decir que, juntándolos en la misma proporción, el resultado es luz blanca. En este proyecto vamos a jugar con un led RGB, un led "tres por uno" que es capaz de emitir luz de los tres colores primarios. Variando la proporción de cada uno de ellos podremos obtener luz de millones de colores diferentes, igual que hacen las pantallas de nuestros teléfonos móviles.

7.2 Las señales analógicas

En los capítulos anteriores trabajamos con un led y con un pulsador. En ambos casos solo había dos estados posibles: encendido o apagado en el led, y pulsado o no pulsado en el pulsador. Para los objetivos que nos habíamos propuesto esto era suficiente. Pero, ¿y si quisiéramos encender el led solo a la mitad de su intensidad? El led lo podemos encender o apagar, pero con las señales digitales que hemos manejado hasta ahora no tenemos manera de ponerlo en estado "medio encendido". Ha llegado, pues, el momento de recurrir a otro tipo de señales: las analógicas.

Las señales analógicas son señales que, en contraposición con las digitales, no son del tipo "todo o nada". Ya no se trata simplemente de encender o apagar un led, sino que con una señal analógica podemos obtener valores intermedios de la intensidad.

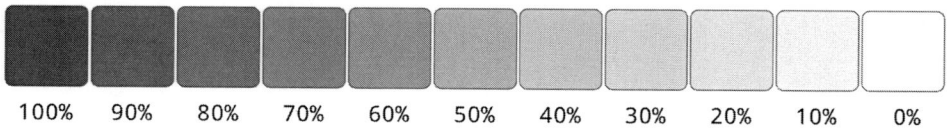

| 100% | 90% | 80% | 70% | 60% | 50% | 40% | 30% | 20% | 10% | 0% |

Figura 7.1 El led puede estar encendido (intensidad del 100 %) o apagado (0 %), pero entre ambos valores también puede estar encendido con diferentes porcentajes de intensidad.

Para ilustrar la diferencia entre las señales analógicas y las digitales en el mundo de los microcontroladores, pensemos en algo tan simple como encender y apagar un led de manera periódica. Hasta ahora solo conocíamos la manera "digital" de hacerlo: la intensidad pasa directamente de 100 % (encendido) a 0 % (apagado), otra vez a 100 %, y así sucesivamente, como se ilustra en la gráfica inferior.

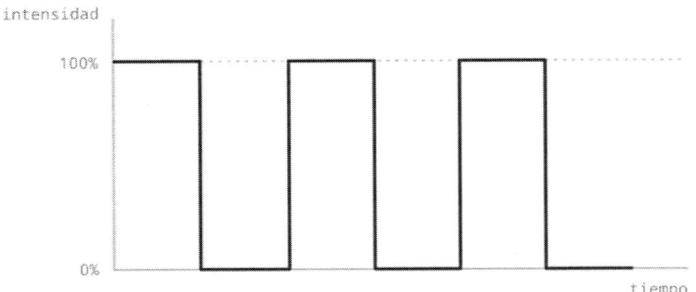

Figura 7.2 El led se enciende y se apaga periódicamente usando una señal digital. La intensidad del 100 % indica que el led está encendido, y la del 0 % que está apagado.

Pero existen otras maneras de encender y apagar el led, como se ilustra en las siguientes gráficas:

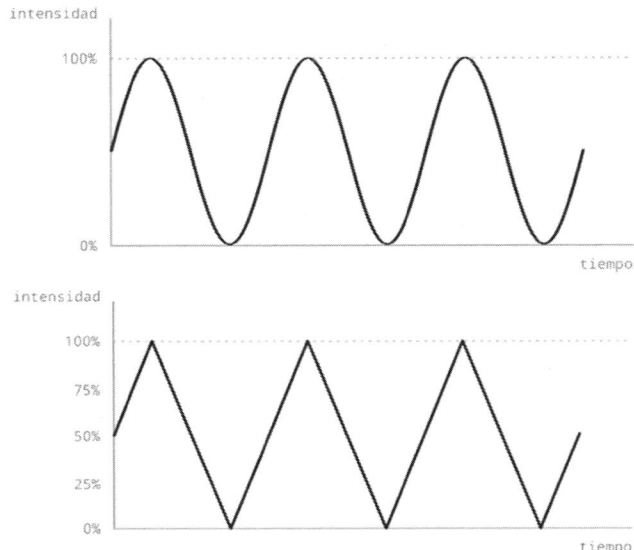

Figura 7.3 El led se enciende y se apaga periódicamente usando una señal analógica. Arriba: el cambio en la intensidad sigue una función sinusoidal. Abajo: el cambio es lineal.

En las gráficas anteriores la intensidad pasa de 100 % a 0 % y de 0 % a 100 %, pero, en esta ocasión, al hacerlo va tomando también todos los valores intermedios. Esto es un ejemplo de lo que llamamos señal analógica. Podemos decir que la diferencia fundamental entre ambos tipos de señales es que una señal analógica es continua en el tiempo — es decir, puede tomar cualquier valor dentro de un rango—, mientras que la digital es discreta —solo puede tomar dos valores—.

Las señales analógicas son muy abundantes en la naturaleza. De hecho, la mayor parte de los sensores que se conectan a un microcontrolador leen señales analógicas: temperatura, luminosidad, presión, intensidad de campo magnético… Son también las que nos permitirán controlar la luminosidad de un led o la velocidad a la que gira un motor. En este capítulo y en el siguiente aprenderemos cómo escribir señales analógicas, es decir, generaremos estas señales con el microcontrolador. Más adelante veremos cómo leerlas.

7.3 La modulación por ancho de pulso

Volvamos al problema planteado en el apartado anterior. Queremos conseguir que el led se encienda solo a la mitad de su intensidad. ¿Cómo lo hacemos?

Cuando el led está encendido, el microcontrolador le está suministrando un voltaje de 3.3 V. La manera de obtener una intensidad del 50 % sería suministrándole únicamente la mitad de esos 3.3 V, es decir, 1.65 V. Problema: para un microcontrolador eso es imposible; es 0 voltios (pin apagado) o 3.3 voltios (pin encendido), pero no se puede obtener un valor intermedio. Sin embargo, existe un procedimiento mediante el cual, usando únicamente estos dos valores discretos, se puede generar cualquier voltaje de salida: la modulación por ancho de pulso o *pulse width modulation*, PWM.

La modulación por ancho de pulso permite conseguir una salida analógica en un pin digital. En realidad, se trata de una señal analógica ficticia —al fin y al cabo, el microcontrolador solo puede generar señales digitales—, pero a efectos prácticos el resultado es completamente satisfactorio. Veamos, pues, cómo un dispositivo digital puede generar una señal analógica.

Sabemos que el microcontrolador puede poner un pin en estado *on* (3.3 V) y *off* (0 V). Ahora imaginemos que, de alguna manera (ya veremos cómo), somos capaces de generar en el pin una señal cuadrada. Esto es equivalente a encender y apagar el pin de manera periódica.

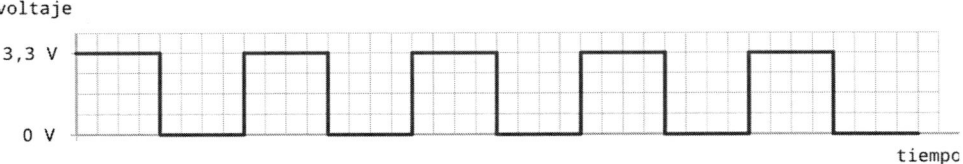

Figura 7.4 Señal cuadrada en un pin digital. El voltaje está el 50 % del tiempo en 0 V (apagado) y el otro 50 % está en 3.3 V (encendido).

En este caso, ¿cuál es el voltaje que recibe el pin? La mitad del tiempo está a 3.3 V, pero la otra mitad está a 0 V... Entonces, es como si el pin recibiera la media de estos dos valores, o sea, 1.65 V. Y eso es precisamente lo que buscábamos: hemos obtenido un valor intermedio entre 0 y 3.3 voltios. ¡Misión cumplida!

Aunque lo que hemos conseguido supone un gran avance, no es suficiente: necesitamos ser capaces de obtener otros voltajes. La manera de hacerlo es básicamente la misma que en el caso anterior. Si en lugar de mantener el pin en estado *on* un 50 % del tiempo lo hacemos solo un 25 %, el voltaje efectivo se reduce a la cuarta parte de 3.3 V: ya tenemos 0.82 V. ¿Un 75 % del tiempo en estado *on*? Obtenemos las tres cuartas partes, 2.48 V. Y así sucesivamente.

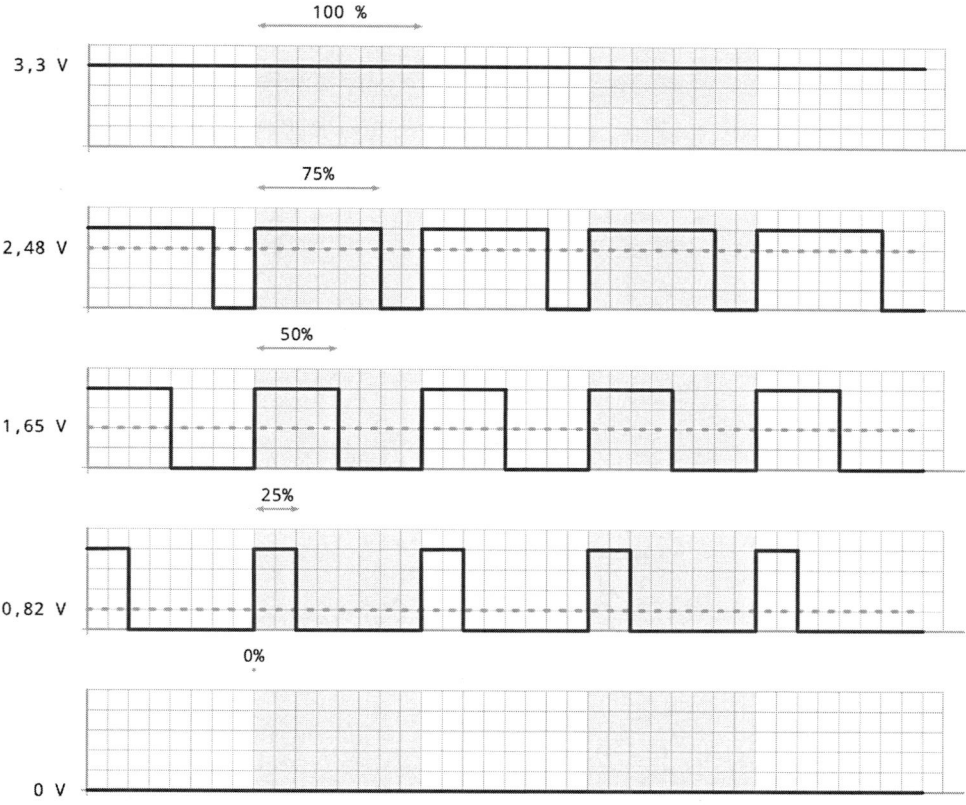

Figura 7.5 Distintos voltajes según el porcentaje de tiempo que mantenemos el pin en estado *on*.

Esta estrategia de alternar periódicamente entre encendido y apagado es la base de la técnica de modulación por ancho de pulso.

7.4 Las señales periódicas

Dado que, como acabamos de ver, para obtener un voltaje mediante PWM hay que generar una señal periódica, antes de continuar comentaremos varios conceptos fundamentales sobre este tipo de señales. En particular nos interesan la frecuencia de la señal y el ciclo de trabajo, ya que cuando usemos la técnica PWM estos serán los dos parámetros que manejaremos.

Ciclo o pulso

Una señal periódica está formada por una "unidad", llamada ciclo o pulso, que se repite en el tiempo, una y otra vez, siempre de la misma manera.

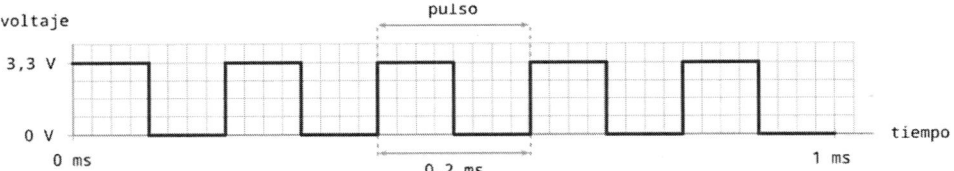

Figura 7.6 En la imagen se han representado cinco ciclos o pulsos de la señal. Cada pulso tiene una duración de 0.2 ms.

La duración de un pulso (llamada período) se mide en segundos o, más habitualmente, en milisegundos (ms), microsegundos (µs) o, incluso, nanosegundos (ns). En la señal anterior, por ejemplo, el pulso tiene una duración de 0.2 ms, ya que en un milisegundo hay cinco ciclos.

Frecuencia

La frecuencia de una señal es el número de veces que se repite el ciclo en un segundo. Se mide en ciclos por segundo o hercios (Hz), aunque son muy habituales los múltiplos: kilohercio (kHz), megahercio (MHz) y gigahercio (GHz). En la señal anterior el pulso se repite cinco veces en un milisegundo; por tanto, tiene una frecuencia de cinco ciclos por milisegundo o, lo que es lo mismo, 5000 ciclos por segundo. Es decir, la señal tiene una frecuencia de 5000 Hz o 5 kHz.

La frecuencia de una señal está íntimamente relacionada con la duración del pulso: cuanto mayor es la frecuencia de una señal, menor es la duración de un pulso, y a la inversa.

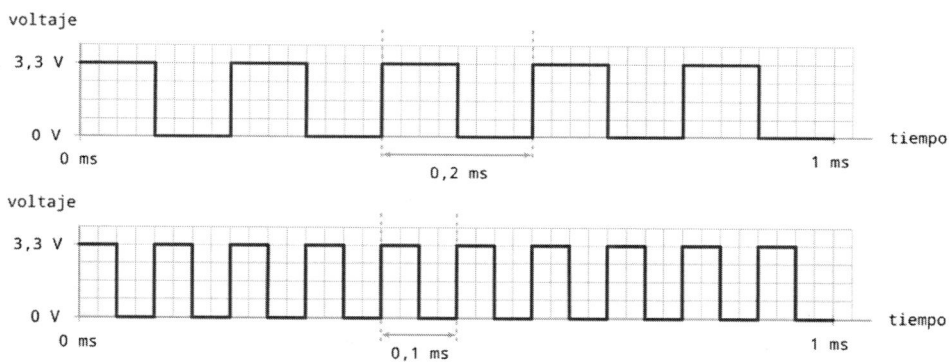

Figura 7.7 Dos señales de distinta frecuencia.

Ancho del pulso

El ancho del pulso se define como el tiempo, dentro de un pulso, que la señal está en estado *on*. Volviendo a la primera señal, cuyo período es de 0.2 ms, el ancho del pulso es 0.1 ms, ya que la mitad del pulso la señal está a 3.3 V.

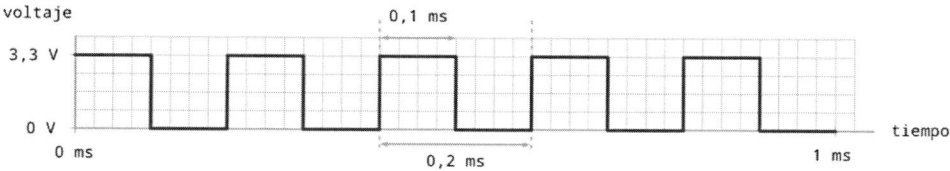

Figura 7.8 La duración de un pulso es 0.2 ms y el ancho del pulso es 0.1 ms.

Ciclo de trabajo o *duty cycle*

El ciclo de trabajo o *duty cycle*, α, es el cociente entre el ancho del pulso y la duración de un pulso. Toma, por tanto, un valor entre 0 y 1.

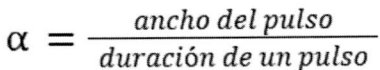

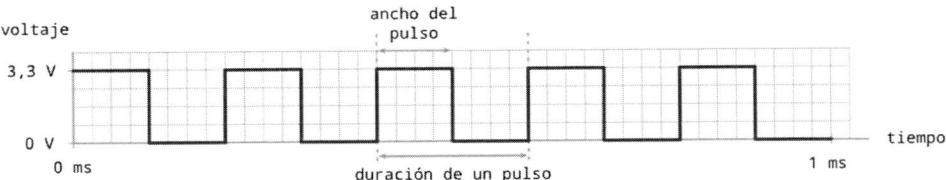

Figura 7.9 Representación gráfica del ancho del pulso y la duración de un pulso.

En la señal del ejemplo un pulso dura 0.2 s y el ancho del pulso es 0.1 s. Su ciclo de trabajo es 0.1 ms/0.2 ms, es decir, α=0.5.

Habitualmente el valor de α se multiplica por 100 para convertirlo en un porcentaje. Visto así, el ciclo de trabajo indica el porcentaje del tiempo en que la señal está en estado encendido.

$$ciclo\ de\ trabajo\ (\%) = \frac{ancho\ del\ pulso}{duración\ de\ un\ pulso} \cdot 100$$

El ciclo de trabajo de la señal del ejemplo es, por tanto, del 50 %.

El ciclo de trabajo y el voltaje

En el apartado anterior vimos que para obtener diferentes voltajes en un pin digital debemos variar la proporción del tiempo en que la señal está encendida, es decir, el ciclo de trabajo. Es fácil comprobar que, si la señal oscila entre los valores 0 V y 3.3 V, una señal cuyo ciclo de trabajo es α equivale a un voltaje efectivo V_e cuyo valor es:

$$V_e = 3.3 \cdot α$$

Es decir, podemos obtener cualquier voltaje simplemente escogiendo el ciclo de trabajo adecuado.

7.5 La clase `PWM`

Hemos visto que para obtener una señal analógica en un pin digital debemos usar la técnica de modulación de ancho de pulso, que consiste en generar una señal periódica con un ciclo de trabajo determinado. Pues bien, para crear con MicroPython una señal PWM se utiliza la clase `PWM` del módulo `machine`. Usando el constructor `PWM()` se crea un objeto `PWM`, que sirve para inicializar el pin. A continuación, a este objeto, que es la abstracción del pin físico, se le aplican los métodos de la clase `PWM` para obtener el comportamiento deseado.

El constructor

El constructor transforma un pin del microcontrolador en una salida analógica. Existen más características de la señal que se pueden configurar con MicroPython, pero para empezar nos llega con las que indicamos a continuación.

```PWM(pin, freq=x, duty=x)``` ```PWM(pin, freq=x, duty_u16=x)```
Genera una señal analógica en el pin indicado. Argumentos: • `pin`: es un objeto tipo `Pin` que indica el pin de la placa en el que se establece la salida PWM. Es el único argumento obligatorio. • `freq`: establece la frecuencia de la señal. • `duty` o `duty_u16`: establecen el ciclo de trabajo de la señal. Si no se indican los argumentos `freq` y `duty` o `duty_u16` se les asigna el valor por defecto (este valor depende de la placa).

Tabla 7.1 Argumentos del constructor `PWM()`.

 BEATRIZ PADÍN / ADRIANA DAPENA

Los métodos

En la siguiente tabla se recogen los principales métodos de la clase `PWM` que actúan sobre un objeto `PWM` previamente creado.

`freq()`	Devuelve la frecuencia de la señal, en hercios.
`freq(x)`	Establece la frecuencia de la señal. El argumento es un número entero que indica la frecuencia, en hercios.
`duty()`	Devuelve el valor del ciclo de trabajo de la señal con una resolución de 10 bits (en el rango 0-1023). Este método no está disponible para la Raspberry Pi Pico.
`duty(x)`	Establece el ciclo de trabajo de la señal con una resolución de 10 bits. El argumento es un número entero entre 0 y 1023, ambos incluidos (ya que 2^{10}=1024). El valor 0 equivale a un ciclo de trabajo del 0 %, 512 de un 50 % y 1023 del 100 %. Este método no está disponible para la Raspberry Pi Pico.
`duty_u16()`	Devuelve el valor del ciclo de trabajo de la señal con una resolución de 16 bits (en el rango 0-65535).
`duty_u16(x)`	Establece el ciclo de trabajo de la señal con una resolución de 16 bits. El argumento es un número entero entre 0 y 65 535, ambos incluidos (ya que 2^{16}=65 536). El valor 0 equivale a un ciclo de trabajo del 0 %, 32 768 de un 50 % y 65 535 del 100 %.

`init(freq=x,`
`duty=x)`
`init(freq=x,`
`duty_u16=x)`
	Modifica la frecuencia (`freq`) o el ciclo de trabajo (`duty` o `duty_u16`) de la señal.

`deinit()`	Desactiva la salida PWM.

Tabla 7.2 Principales métodos de la clase `PWM`.

Los *timers*

Una vez configurado un pin como salida analógica (es decir, una vez que se llama al constructor `PWM`), es el hardware del microcontrolador —un *timer* interno— el encargado de generar la señal continuamente en dicho pin. El hecho de que sea un *timer* el responsable de la señal PWM tiene varias consecuencias. Por un lado, permite que los recursos del procesador queden libres para realizar mientras tanto otras tareas. Pero, por otro, el uso de otras funciones que requieran de los *timers* puede ser incompatible con el uso simultáneo de esta técnica en algunos pines. Además, al tratarse de un componente hardware hay diferencias grandes de implementación según el tipo de placa, por lo que, como veremos más adelante, algunas características cambian en función de la placa.

7.6 Los valores por defecto del objeto `PWM`

Para probar la técnica PWM vamos a crear una señal analógica con la que encenderemos un led. El montaje es el mismo que usamos en capítulos anteriores, por lo que utilizaremos como salida analógica el GPIO18. Preparemos el circuito y probemos las instrucciones en el REPL.

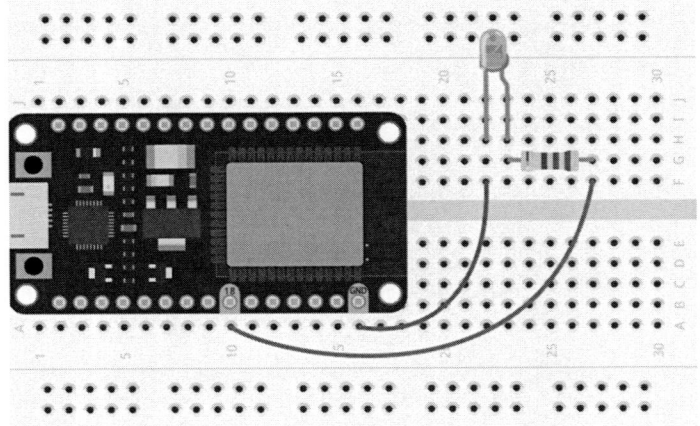

Figura 7.10 Montaje del circuito.

	Arduino	ESP32	Raspberry Pi Pico
GPIO18	D9	D18 / G18	24

Tabla 7.3 Nombre del pin de conexión en distintas placas.

Empezamos por crear el objeto `PMW` asociado a la señal analógica con la que manejaremos el led. Para ello necesitamos importar la clase `PWM` del módulo `machine`. Dado que el primer argumento (y único obligatorio) es un objeto `Pin`, no podemos olvidarnos de importar también la clase `Pin`.

```
>>> from machine import Pin, PWM
```

En el constructor `PWM` usamos como argumento el pin de conexión, en nuestro caso el GPIO18 (aunque estamos definiendo un pin de salida, en el objeto `Pin` no se debe especificar el modo `Pin.OUT`, ya que el canal se inicializa internamente en modo PWM al pasarlo al constructor `PMW`). Como siempre, asociaremos el objeto creado a una variable (la llamaremos `LED`, pero puede ser cualquier otro nombre) para poder utilizarlo posteriormente.

```
>>> LED = PWM(Pin(18))
```

Dependiendo de la placa con la que estemos trabajando, al ejecutar esta instrucción es posible que no haya pasado nada —si tenemos una Pico— o que el led se haya encendido —si la placa es ESP32 o Arduino—. ¿Por qué esta diferencia?

Como ya hemos comentado, la técnica PWM depende del hardware de la placa. Al crear el objeto `PWM`, en el constructor no hemos indicado el valor de ningún otro argumento aparte del pin, por lo que los demás parámetros asociados a la señal toman el valor por defecto. Consultemos estos valores en función de la placa.

Frecuencia y ciclo de trabajo por defecto con ESP32 o Arduino

Para ver la frecuencia aplicamos el método `freq()` al objeto `LED`; el valor obtenido será probablemente 5000 Hz.

```
>>> LED.freq()
5000
```

Para consultar el valor del ciclo de trabajo, con la ESP32 o una placa Arduino podemos usar `duty()` o `duty_u16()`. Ambas funciones devuelven el valor del *duty cycle*; la diferencia es que `duty()` nos da el valor del ciclo de trabajo con una resolución de 10 bits (es decir, como un entero entre 0 y 1023), mientras que `duty_u16()` devuelve este valor con resolución de 16 bits (entre 0 y 65535).

```
>>> LED.duty()
512
>>> LED.duty_u16()
32768
```

En ambos casos vemos que el ciclo de trabajo por defecto es la mitad del valor máximo, es decir, del 50 %.

Recapitulando, al llamar al constructor se genera en el pin una señal analógica que tiene, por defecto, una frecuencia de 5000 Hz y un ciclo de trabajo del 50 %. Este es el motivo por el cual el led se encendió, pero solo con la mitad de intensidad.

Frecuencia y ciclo de trabajo por defecto con Raspberry Pi Pico

Veamos cuáles son los parámetros por defecto con los que se crea la señal analógica en la Raspberry Pi Pico. El valor por defecto de la frecuencia es cero hercios.

```
>>> LED.freq()
0
```

Para consultar el valor del ciclo de trabajo usamos `duty_u16()` (el método `duty()` no está disponible para la Pico), que devuelve el valor del ciclo de trabajo con una resolución de 16 bits, es decir, como un entero entre 0 y 65535. Su valor por defecto en la Raspberry Pi Pico es cero.

```
>>> LED.duty_u16()
0
```

A la vista de estos valores está claro por qué no se encendió el led: al llamar al constructor se ha generado en el pin una señal analógica con una frecuencia de 0 Hz y un ciclo de trabajo del 0 % (o sea, una señal de cero voltios).

7.7 Encender un led con PWM

Apliquemos lo visto hasta ahora para encender el led con una intensidad del 100 % utilizando una señal analógica. En primer lugar, debemos hacernos la siguiente pregunta: ¿cuáles van a ser los valores de la frecuencia y el ciclo de trabajo de la señal?

Cuando se trata de encender un led, el valor de la frecuencia de la señal es bastante irrelevante (siempre que no se escoja un valor muy bajo, como veremos más adelante); podemos establecer 5000 Hz como un valor adecuado. En cuanto al ciclo de trabajo, si nuestra intención es que la intensidad sea del 100 %, debemos escoger el valor máximo: 1023 si lo establecemos con `duty` o 65535 si usamos `duty_u16`.

Hay varias maneras de proceder: por un lado, se puede crear el objeto `PWM` con los valores por defecto y después se modifican estos valores; por otro, se pueden indicar en el propio constructor los valores deseados de los parámetros. Sea cual sea el método que elijamos, empezaremos siempre por importar los módulos necesarios.

```
>>> from machine import Pin, PWM
```

Método 1. Se especifican los valores de la frecuencia y el ciclo de trabajo en el constructor en el momento de crear el objeto `PWM`. Para ello se indican los argumentos `freq` con el valor 5000 y `duty_u16` con el valor 65535.

```
>>> LED = PWM(Pin(18), freq=5000, duty_u16=65535)
```

El ciclo de trabajo también se podría indicar con `duty=1023`, aunque este argumento no está disponible para la Raspberry Pi Pico.

Método 2. Se crea el objeto `PWM` con los argumentos por defecto y, a continuación, se establecen la frecuencia y el ciclo de trabajo con el método `init()`.

```
>>> LED = PWM(Pin(18))
>>> LED.init(freq=5000, duty_u16=65535)
```

Método 3. Alternativamente, en lugar de usar `init()`, los valores de los parámetros se pueden modificar con los métodos `freq()` y `duty()` o `duty_u16()`.

```
>>> LED = PWM(Pin(18))
>>> LED.freq(5000)
>>> LED.duty_u16(65535)
```

Método 4. Cualquier combinación de los métodos anteriores que encontremos más adecuada.

Todas las maneras anteriores de encender el led son equivalentes, aunque dependiendo de la aplicación puede ser más adecuada una u otra.

7.8 ¿Apagado o desactivado?

Encendamos el led con PWM.

```
>>> from machine import Pin, PWM
>>> LED = PWM(Pin(18), freq=5000, duty_u16=65535)
```

Ahora vamos a apagarlo. También hay diferentes maneras de hacerlo.

Con el ciclo de trabajo

Una manera de apagar el led es poniendo a cero el ciclo de trabajo de la señal analógica. Un ciclo de trabajo de cero quiere decir que, dentro de un ciclo, la señal está en estado encendido el 0 % del tiempo. O sea, que está apagada el 100 % del tiempo y por eso el led se apaga.

```
>>> LED.duty_u16(0)
```

Desactivando la señal

La misión del método `deinit()` es desactivar la salida PWM en el pin.

```
>>> LED.deinit()
```

Como la señal se ha desactivado, el led se apaga.

¿Ciclo de trabajo o deinit()?

Para escoger un método o el otro para apagar el led debemos recordar que, una vez inicializado el pin PWM, el hardware del dispositivo se encarga automáticamente de generar la señal de manera continua. En consecuencia, aunque apaguemos el led poniendo a cero el ciclo de trabajo, la señal analógica todavía se sigue generando. A su vez, la finalidad del método `deinit()` es desactivar la salida PWM; es decir, provoca que los *timers* dejen de generar la señal analógica. Veamos cuáles son las consecuencias prácticas que tiene esto.

Apaguemos el led haciendo que el ciclo de trabajo de la señal sea cero. Si después de apagarlo queremos volver a encenderlo no hay ningún problema: ponemos el ciclo de trabajo de vuelta a 65535 y listo, ya tenemos el led encendido.

```
>>> LED.duty_u16(0)
>>> LED.duty_u16(65535)
```

Apaguémoslo ahora aplicando el método `deinit()` al pin PWM. Si ahora queremos volver a encender el led, tenemos un problema.

```
>>> LED.deinit()
>>> LED.duty_u16(65535)
RuntimeError: PWM inactive
```

BEATRIZ PADÍN / ADRIANA DAPENA

El motivo del mensaje de error debería estar claro: la señal PWM a la que pretendemos aplicar el método `duty()` ya no existe porque la desactivamos con `deinit()`. Para volver a encender el led, por tanto, hay que volver a activar el pin usando el método `init()`.

```
>>> LED.init(freq=5000, duty_u16=65535)
```

En las distintas aplicaciones debemos tener en cuenta las diferencias entre una manera y otra de poner a cero la señal analógica para escoger la más adecuada.

7.9 La frecuencia

Este apartado y el siguiente los vamos a dedicar a jugar con los valores de la frecuencia y el ciclo de trabajo de la señal, ya que estas son las dos magnitudes que definen las señales analógicas con las que trabajaremos.

Empecemos por la frecuencia. Como vimos con anterioridad, la frecuencia de una señal es el número de ciclos por segundo que tiene la señal. Dicho de una manera poco rigurosa, es lo rápido que se enciende (se pone a 3.3 V) y apaga (se pone a 0 V) el pin periódicamente para conseguir el voltaje deseado. ¿Cómo afecta la frecuencia a la señal generada?

Vamos a inicializar el pin PWM del led con una frecuencia de 5000 Hz y un ciclo de trabajo del 50 % (para este experimento es importante que el ciclo de trabajo no sea del 100 %).

```
>>> from machine import Pin, PWM
>>> LED = PWM(Pin(18), freq=5000, duty_u16=32768)
```

Utilizamos el método `freq()` para cambiar el valor de la frecuencia de la señal y observamos qué sucede en el led.

```
>>> LED.freq(1000)
```

Con una frecuencia de 1000 Hz no se observa ningún cambio en el led. ¿Qué sucede con otros valores? Si probamos valores mayores seguiremos sin observar ninguna diferencia. Pero si utilizamos valores bajos, empieza a notarse algo.

```
>>> LED.freq(20)
```

Si se establece la frecuencia en, por ejemplo, 20 Hz vemos que el led parpadea; de hecho, el ciclo encendido-apagado se repite exactamente veinte veces en un segundo. Si hemos entendido la modulación por ancho de pulso, esto no nos sorprenderá; en realidad, con frecuencias más elevadas el led también está parpadeando, aunque lo hace tan rápido que a nuestros ojos no les da tiempo a notarlo.

La conclusión de este pequeño experimento es que, si estamos manejando un led con PWM, el valor de la frecuencia es irrelevante, siempre que no sea demasiado bajo. En otras aplicaciones, sin embargo, este valor tendrá una importancia fundamental, como veremos en el próximo capítulo.

7.10 El ciclo de trabajo

A estas alturas ya tenemos claro que el ciclo de trabajo controla la intensidad con que se enciende el led. Volvamos a la señal de 5000 Hz y comprobemos los valores extremos del ciclo de trabajo. Empecemos con el led apagado.

```
>>> from machine import Pin, PWM
>>> LED = PWM(Pin(18), freq=5000, duty_u16=0)
```

Ahora encendámoslo con la intensidad máxima, que se consigue pasando al método `duty_u16()` el valor 65535 (o, si se usa `duty()`, el valor 1023).

```
>>> LED.duty_u16(65535)
```

Claramente, una intensidad del 50 % se obtendrá con la mitad del valor máximo (32768 si se usa `duty_u16()` o 512 si se usa `duty()`).

```
>>> LED.duty_u16(32768)
```

¿Y qué valor ponemos para otras intensidades? Necesitamos "traducir" el porcentaje de intensidad al rango 0-65535. Afortunadamente, los valores de `duty_u16` correspondientes a un determinado ciclo de trabajo se obtienen con una simple proporción. Dado que 65535 es el 100 %, una intensidad de, por ejemplo, el 75 % equivale a un valor de `duty_16` del 75 % de 65535, es decir:

$$75\% \; de \; 65535 \;=\; \frac{75}{100} \cdot 65535 \;=\; 0,75 \cdot 65535 \;=\; 49151$$

Hemos redondeado el resultado porque este parámetro solo puede tomar valores enteros.

```
>>> LED.duty_u16(49151)
```

Por otro lado, si usamos `duty`, que nos da una resolución de 10 bits en lugar de los 16 del ejemplo anterior, la intensidad del 75 % equivaldría a un valor de `duty` del 75 % de 1023, es decir, $75/100 \cdot 1023 = 0.75 \cdot 1023 = 767$.

Procederíamos de la misma manera para cualquier otro valor de la intensidad. En la práctica nunca tendremos que calcular "a mano" estos valores, sino que haremos las operaciones indicadas en el propio programa.

7.11 El led RGB

Para ilustrar la técnica PWM hemos utilizado un led "normal", como los que usamos en capítulos anteriores. Pero el objetivo de este capítulo es crear diferentes colores usando un led RGB, así que introduzcamos este dispositivo.

Un led RGB es, en realidad, tres ledes. En su interior tiene tres materiales semiconductores diferentes, cada uno de los cuales emite, respectivamente, luz roja, verde y azul. Mezclando estos tres colores en diferentes proporciones se pueden obtener millones de colores diferentes.

Los ledes RGB están disponibles en diferentes presentaciones. Los más habituales son los que tienen un encapsulado similar al de los ledes monocromos de los capítulos anteriores, con dos diferencias: la carcasa es transparente y, en lugar de tener dos terminales, tienen cuatro. En muchas ocasiones vienen montados en un módulo para facilitar las conexiones. Hay también otros módulos en los que el led RGB se presenta en una carcasa del tipo SMD (del inglés *Surface Mount Device* o dispositivo de montaje en superficie); en ellos el led es plano y ocupa menos espacio.

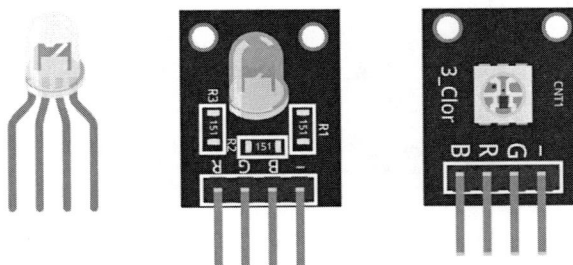

Figura 7.11 Diferentes presentaciones de los ledes RGB. El de la derecha es un led del tipo SMD.

Vaya por delante que algunos ledes RGB no destacan por su calidad y los colores obtenidos no son espectaculares; si podemos escoger, usaremos un led SMD. Además, si lo rodeamos de un recubrimiento translúcido obtendremos resultados más satisfactorios.

Las cuatro patas del led

Como el led RGB está formado por tres ledes, en lugar de tener dos terminales, tiene cuatro: uno para cada uno de los colores (rojo, verde y azul) y otro más, que es la conexión negativa que comparten los tres (lo más probable es que el led sea de cátodo común, y es lo que asumiremos en la explicación).

¿Cuál es la función de cada una de las patas del led y cómo se distinguen? Si el led viene montado en un módulo, la función de cada pata viene identificada con una letra: "R" para controlar el led rojo, "G" para el led verde, "B" para el azul y "–" es el cátodo, que irá conectado a tierra (GND en el microcontrolador). Si el led no está montado en un módulo, para identificarlas lo primero que hay que hacer es localizar la pata más larga:

- La pata más larga es el cátodo (–), es decir, la conexión negativa.

- A un lado de la pata más larga hay una sola pata. Esta es la que controla el led rojo (R).

- Al otro lado de la pata larga hay dos patas. De estas, la que está más cerca del cátodo es la que controla el led verde (G).

- La pata que queda (la más alejada del cátodo) es la correspondiente al led azul (B).

Figura 7.12 Pines en un led RGB de cátodo común: rojo (R), verde (G), azul (B) y cátodo (–).

¿Con o sin resistencia?

De los capítulos anteriores sabemos que para utilizar un led debemos siempre añadir una resistencia en serie. Como el led RGB es un "tres por uno", necesitaremos tres resistencias. Sin embargo, en muchas ocasiones los módulos en los que se montan estos ledes ya traen incorporadas las resistencias necesarias; así, cuando montemos el circuito no tendremos que preocuparnos de ponerlas. Aunque los proyectos que te presentamos pueden realizarse con cualquiera de los modelos, recomendamos utilizar el que tiene las resistencias integradas. ¡A veces las resistencias no hacen buen contacto en la placa de montaje!

BEATRIZ PADÍN / ADRIANA DAPENA

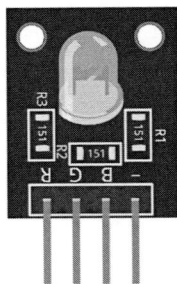

Figura 7.13 Módulo RGB con las resistencias integradas (son los elementos rotulados como R1, R2 y R3).

Sea cual sea el led, antes de proceder al montaje debemos localizar la conexión negativa (el cátodo) y cada uno de los terminales rojo, verde y azul. Comprobaremos también si necesitamos resistencias o si, por contra, ya vienen integradas en el módulo.

7.12 El circuito

Cuando programemos el led RGB manejaremos los tres colores primarios por separado. Por ello, cada uno de los terminales (R, G y B) debe ir conectado a un GPIO diferente en la placa, y el cátodo irá conectado a GND. Usaremos los pines indicados en la tabla inferior, aunque, como siempre, se pueden escoger otros.

Led	GPIO	Arduino	ESP32	Raspberry Pi Pico
Azul (B)	GPIO17	D8	TX2 / G17	22
Verde (G)	GPIO18	D9	D18 / G18	24
Rojo (R)	GPIO21	D10	D21 / G21	27
Cátodo (–)	GND	GND	GND	GND

Tabla 7.4 Nombres de los pines de conexión en distintas placas.

Por otro lado, como ahora tenemos "tres" ledes, tendremos que utilizar tres resistencias de 220 Ω, una para cada uno de los colores; sin embargo, si el módulo RGB ya trae las resistencias integradas, no es necesario añadirlas.

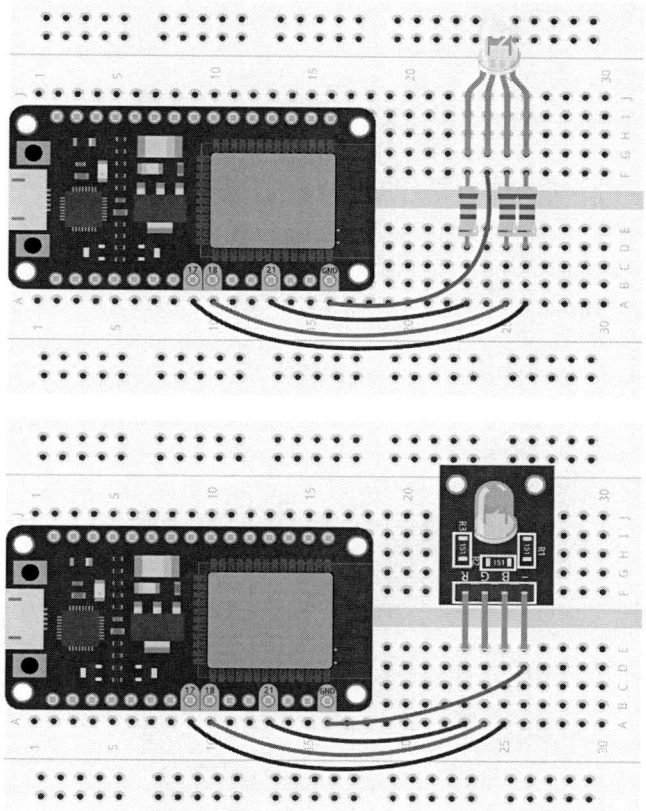

Figura 7.14 Montaje del circuito. Arriba: se añaden tres resistencias externas. Abajo: se utiliza un módulo que trae las resistencias integradas.

BEATRIZ PADÍN / ADRIANA DAPENA

7.13 Los colores primarios y secundarios de la luz

Por fin, después de muchos conceptos nuevos —y no demasiado intuitivos— estamos en condiciones de afrontar el objetivo que nos marcamos en este capítulo: crear luz de diferentes colores. Rojo, verde y azul son los colores primarios de la luz. Si se mezclan los tres en la misma proporción se obtiene luz blanca. Pero, ¿y si se mezclan solo dos de los tres colores primarios? En tal caso lo que se obtiene son los llamados colores secundarios de la luz: rojo y verde da amarillo; verde y azul da cian, y rojo y azul da magenta (siempre que ambos estén en la misma proporción).

Para comprobar que el led está bien conectado planteamos un reto: encender el led con los colores primarios y secundarios de la luz.

Figura 7.15 Colores primarios (rojo, verde y azul) y secundarios (cian, magenta y amarillo) de la luz.

Para resolver el problema empezamos por importar las clases `Pin` y `PWM` del módulo `machine`.

```
>>> from machine import Pin, PWM
```

Creamos sendos pines PWM, uno para cada color. Inicializamos la señal con una frecuencia de 5000 Hz (en ESP32 y Arduino este es el valor por defecto, así que no es necesario indicarlo explícitamente); el ciclo de trabajo lo ponemos a cero para que no se enciendan.

```
>>> LED_ROJO = PWM(Pin(21), freq=5000, duty_u16=0)

>>> LED_VERDE = PWM(Pin(18), freq=5000, duty_u16=0)

>>> LED_AZUL = PWM(Pin(17), freq=5000, duty_u16=0)
```

Para obtener cada color primario solo debemos encender el led correspondiente mientras los otros dos están apagados. Para encenderlo ponemos el valor máximo del ciclo de trabajo aplicando `duty_u16(65535)` y para apagarlo lo ponemos a cero con `duty_u16(0)` (o usamos `duty(1023)` y `duty(0)`, respectivamente).

```
>>> LED_ROJO.duty_u16(65535); LED_VERDE.duty_u16(0);
LED_AZUL.duty_u16(0)

>>> LED_ROJO.duty_u16(0); LED_VERDE.duty_u16(65535);
LED_AZUL.duty_u16(0)

>>> LED_ROJO.duty_u16(0); LED_VERDE.duty_u16(0);
LED_AZUL.duty_u16(65535)
```

Si alguno de los colores ha fallado se deben revisar las conexiones (especialmente si hemos colocado resistencias).

Análogamente, los colores secundarios los obtendremos encendiendo dos ledes y apagando el tercero.

```
>>> LED_ROJO.duty_u16(65535);
LED_VERDE.duty_u16(65535); LED_AZUL.duty_u16(0)

>>> LED_ROJO.duty_u16(0); LED_VERDE.duty_u16(65535);
LED_AZUL.duty_u16(65535)
```

```
>>> LED_ROJO.duty_u16(65535); LED_VERDE.duty_u16(0);
LED_AZUL.duty_u16(65535)
```

Finalmente, si los encendemos todos obtenemos luz blanca (más o menos azulada).

```
>>> LED_ROJO.duty_u16(65535);
LED_VERDE.duty_u16(65535); LED_AZUL.duty_u16(65535)
```

Cuando hayamos terminado de hacer las pruebas, para apagar el led procedemos a desactivar los pines PWM.

```
>>> LED_ROJO.deinit(); LED_VERDE.deinit();
LED_AZUL.deinit()
```

Dado que en este ejercicio hemos encendido los ledes al 100 % de la intensidad, lo podíamos haber resuelto usando señales digitales, como en los capítulos previos. Pero hemos preferido hacerlo así para ganar más familiaridad con las señales analógicas.

7.14 Azul turquesa

Cualquier color de la luz se puede obtener mezclando los colores primarios en las proporciones adecuadas. El color azul turquesa, por ejemplo, se obtiene mezclando un 6 % de luz roja, un 87 % de luz verde y un 69 % de luz azul (se pueden encontrar en multitud de referencias online los porcentajes de rojo, verde y azul necesarios para obtener los diferentes colores). El reto es ahora que el led se encienda con este bonito color.

Una posible manera de solucionar el reto es con el siguiente programa:

```
from machine import Pin, PWM

LED_ROJO = PWM(Pin(21), freq=5000, duty_u16=0)
```

```
LED_VERDE = PWM(Pin(18), freq=5000, duty_u16=0)

LED_AZUL = PWM(Pin(17), freq=5000, duty_u16=0)

r = 6

g = 87

b = 69

LED_ROJO.duty_u16(int(r/100*65535))

LED_VERDE.duty_u16(int(g/100*65535))

LED_AZUL.duty_u16(int(b/100*65535))
```

Las primeras instrucciones tienen poco que explicar: empezamos importando las clases `Pin` y `PWM` e inicializamos los pines PWM —uno para cada color primario—. A continuación, creamos tres variables —r, `g` y b— con el porcentaje respectivo de rojo, verde y azul; de esta manera es muy fácil actualizar los valores para crear cualquier otro color. Por último, usando el método `duty_u16()` en cada pin PWM adjudicamos el ciclo de trabajo correspondiente a cada color. Para ello, como vimos con anterioridad, dividimos el porcentaje entre cien y lo multiplicamos por 65535 para traducirlo al valor adecuado en el rango 0-65535. Dado que este número tiene que ser entero, utilizamos la función `int()` que, como su nombre indica, transforma un número real en un entero. Al ejecutar el programa el led se enciende en color turquesa.

7.15 Del rojo al magenta pasando por el rosa

Añadiendo al rojo distintos porcentajes de azul se obtienen diferentes tonos de rosas, hasta llegar al magenta. Para finalizar, programemos el led para que pase, de manera continua, del rojo al magenta.

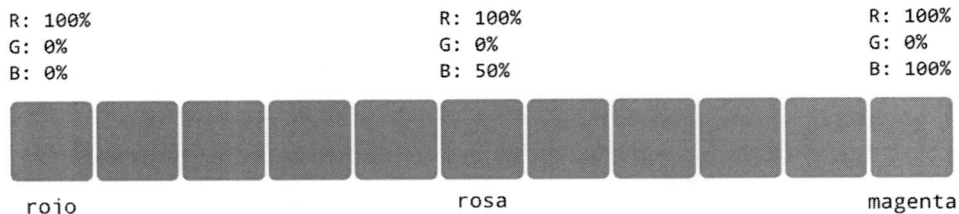

```
R: 100%          R: 100%          R: 100%
G: 0%            G: 0%            G: 0%
B: 0%            B: 50%           B: 100%
```

rojo   rosa   magenta

Figura 7.16 Paso del rojo al magenta.

```
from machine import Pin, PWM

from time import sleep_ms

LED_ROJO = PWM(Pin(21), freq=5000, duty_u16=65535)

LED_VERDE = PWM(Pin(18), freq=5000, duty_u16=0)

LED_AZUL = PWM(Pin(17), freq=5000, duty_u16=0)

for i in range(0, 65536, 100):

    LED_AZUL.duty_u16(i)

    sleep_ms(5)

LED_ROJO.deinit()

LED_VERDE.deinit()

LED_AZUL.deinit()
```

En esta ocasión hemos utilizado un bucle `for` para obtener el ciclo de trabajo. La función `range(0, 65536, 100)` devuelve una lista con los valores enteros desde 0 (incluido) hasta 65536 (no incluido) tomados de 100 en 100. Estos son los valores que pasamos a `duty_u16` para encender el led azul con la intensidad correspondiente.

En resumen

En este extenso capítulo hemos trabajado con señales analógicas. Hemos introducido la modulación por ancho de pulso, una técnica fundamental en el trabajo con microcontroladores a la que se recurre en multitud de aplicaciones. Para entender cómo funciona esta herramienta hemos analizado diferentes características de las señales periódicas, como son la frecuencia de la señal y el ciclo de trabajo. Usando la clase `PWM` del módulo `machine` hemos generado señales analógicas en el microcontrolador y las hemos usado para encender un led RGB con diferentes colores.

CAPÍTULO 8
Música arcade

En el capítulo anterior introdujimos muchos conceptos nuevos sobre las señales analógicas y la técnica de modulación por ancho de pulso. En este capítulo también generaremos señales PWM, pero las aplicaremos a un contexto totalmente diferente: la creación de sonidos. Ojo, va a ser un capítulo muy ruidoso.

El material para este capítulo se reduce a un único dispositivo externo:

- Un altavoz o un piezo pasivo

8.1 Proyecto "Música arcade"

La música de un videojuego, igual que la banda sonora de una película, desempeña un papel que va más allá del mero acompañamiento de la acción. La música potencia las emociones que provoca el juego, crea ambientes, completa la experiencia creada por las imágenes y la interactividad... Y, sin embargo, en sus inicios los videojuegos eran silenciosos. Las limitaciones de los dispositivos en los años 50 y 60 del siglo XX hacían muy complicado compaginar imágenes y sonido, por lo que la música se restringía a la introducción del juego y a la pantalla de *game over*. A finales del año 1972 se produce el primer hito en la historia de la música en los videojuegos: se comercializa la máquina arcade Pong, que incluye efectos sonoros que se ajustan a la acción del juego. *Space Invaders* (1972), *Pac-Man* (1980), *Super Mario Bros.* (1985) o *Tetris* (1989) nos remiten a melodías inolvidables en la historia de los videojuegos.

Figura 8.1 Alienígenas del juego *Space Invaders* (1972).

Aunque para la música y los efectos sonoros se usaba un chip diseñado específicamente para producir sonido, el timbre característico del sonido de los primeros videojuegos se puede recrear fácilmente con un altavoz y un microcontrolador. Y eso es precisamente lo que vamos a hacer en este proyecto: reproduciremos las melodías de varios juegos de arcade míticos.

8.2 Sonidos electrónicos, piezos y altavoces

La archifamosa melodía del *Tetris*, el pitido del lavavajillas que indica que el lavado ya ha finalizado, la alarma del despertador... Todos estos sonidos tienen algo en común: son sonidos electrónicos. El motivo de llamarlos así es que han sido generados de manera electrónica. En lugar de usar los nudillos para golpear una puerta o deslizar el arco por las cuerdas de un violín, los sonidos electrónicos se crean usando circuitos alimentados por una corriente.

Los sonidos electrónicos son emitidos por zumbadores piezoeléctricos (también llamados piezos o zumbadores) o por altavoces. Para generar un sonido electrónico con un microcontrolador, en el pin donde está conectado el altavoz se crea una señal de la frecuencia deseada. Esta señal hace vibrar la membrana del altavoz con la frecuencia programada y la vibración de la membrana del altavoz se transmite por el aire en forma de onda sonora que llega a nuestros oídos.

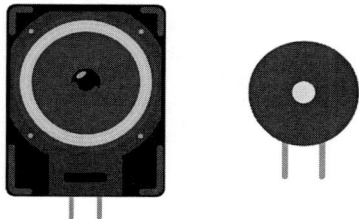

Figura 8.2 Altavoz (izquierda) y zumbador piezoeléctrico (derecha).

A efectos prácticos, los piezos y los altavoces funcionan de la misma manera, pero en el desarrollo de este capítulo utilizaremos un altavoz porque ofrece mejor calidad de sonido. Si usamos un piezo tenemos que asegurarnos de que sea pasivo; los piezos activos ya vienen programados para emitir sonido de una determinada frecuencia, así que no nos valen.

Un último apunte sobre el material. Seguro que en algún rincón tenemos un teléfono o un despertador que no funcionan, o quizás algún juguete viejo de esos que emiten una musiquilla electrónica. Aunque los piezos y los altavoces son muy baratos y fáciles de encontrar, en lugar de comprarlos podemos recuperarlos de estos dispositivos de desecho. Además, la calidad del sonido de un altavoz reciclado va a ser probablemente mucho mejor que la que se obtenga con cualquier piezo nuevo. De esta manera se le da una segunda vida a un aparato que acabaría convertido en basura electrónica.

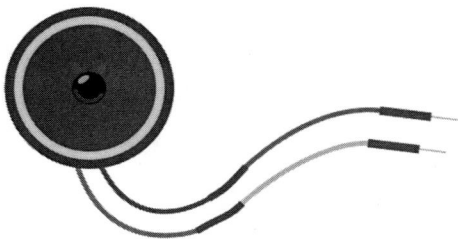

Figura 8.3 Altavoz reciclado de un juguete viejo, con cables de conexión soldados.

8.3 El circuito

Los sonidos que vamos a crear con el microcontrolador los oiremos a través de un altavoz o un piezo. Estos dispositivos solo tienen dos terminales. Las conexiones, por tanto, son muy sencillas: un terminal se conecta a un GPIO de la placa y el otro a GND. En los ejemplos usaremos el GPIO18, aunque se puede escoger otro.

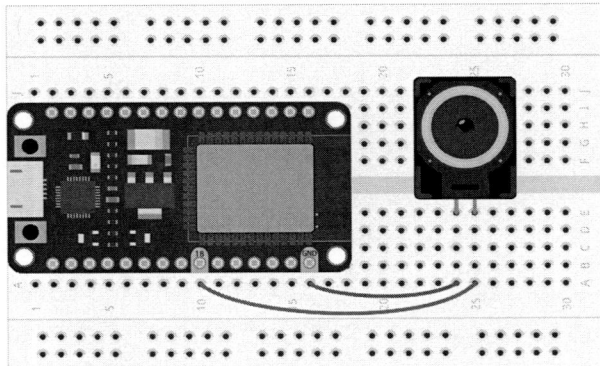

Figura 8.4 Montaje del circuito.

	Arduino	ESP32	Raspberry Pi Pico
GPIO18	D9	D18 / G18	24

Tabla 8.1 Nombre del pin de conexión en distintas placas.

8.4 440 Hz

Una vez conectado el altavoz queremos que suene. Dado que el sonido es una onda, para generar un sonido con el microcontrolador debemos crear una onda. Y como una onda no es otra cosa que una señal periódica, eso es algo que sabemos conseguir usando la técnica de modulación por ancho de pulso (PWM) que vimos en el capítulo anterior.

Pongámonos manos a la obra. Vamos a generar una nota de 440 Hz (hemos escogido este valor porque es el estándar de referencia para afinar la altura musical). Para lograrlo simplemente tenemos que generar una señal PWM de esa frecuencia, para lo que recurriremos a la clase PWM del módulo machine.

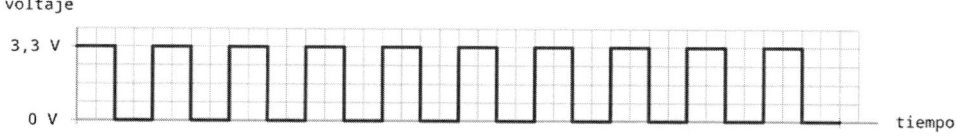

Figura 8.5 Una señal periódica generada en el microcontrolador con PWM. El hecho de que la señal sea cuadrada produce el timbre característico de los sonidos electrónicos.

Las instrucciones ya las conocemos del capítulo pasado. En el constructor especificaremos, además del pin de conexión, la frecuencia y el ciclo de trabajo de la señal. La frecuencia está clara: 440 Hz. ¿Y el ciclo de trabajo? Dado que queremos generar una señal cuadrada, el ciclo de trabajo debe ser del 50 % (dentro de un ciclo, la señal está la mitad del tiempo a 3,3 V y la otra mitad a 0 V); por tanto, haremos `duty_u16=32768` (alternativamente, en placas basadas en ESP32 también se puede hacer `duty=512` o, incluso, podemos no indicar este valor en el constructor, ya que, por defecto, la señal se genera con un ciclo de trabajo del 50 %).

```
>>> from machine import Pin, PWM
>>> ALTAVOZ = PWM(Pin(18), freq=440, duty_u16=32768)
```

Si el altavoz está conectado al GPIO18, se emite la nota sin parar. Como vimos, una vez inicializado el pin PWM, el hardware se encarga de mantener la señal (se puede parar pulsando Stop en el editor). No puede ser más sencillo crear notas musicales con el microcontrolador.

8.5 El ciclo de trabajo

Antes de seguir debemos preguntarnos cómo afecta el ciclo de trabajo de la señal a la nota musical. El ciclo de trabajo que utilizamos en el ejemplo anterior era del 50 %. Vamos a probar ahora con otros valores.

Si el ciclo de trabajo es 0, la señal PWM está todo el rato en estado apagado y, como cabría esperar, no se oye ningún sonido. De hecho, esta es la manera en la que silenciaremos las notas musicales en una composición.

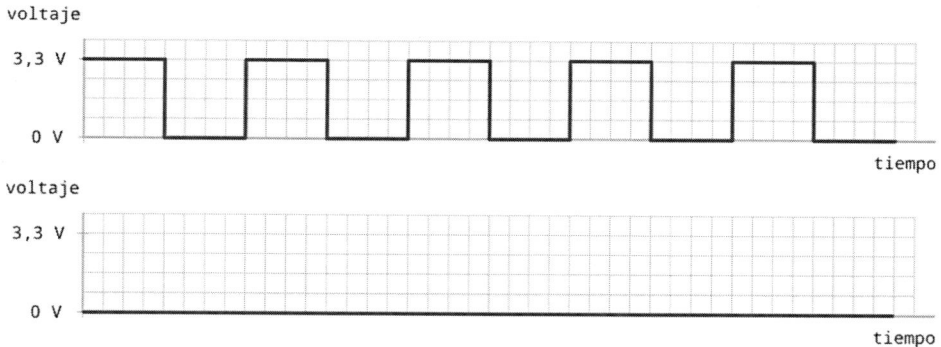

Figura 8.6 Arriba: Una señal con un ciclo de trabajo del 50 %. Abajo: Un ciclo de trabajo del 0 % hace que la señal esté siempre a 0 V, por lo que no se genera sonido.

Por otro lado, el valor máximo del ciclo de trabajo hace que la señal esté continuamente en estado encendido; en consecuencia, tampoco se genera sonido. La razón ahora es que, al estar siempre en 3,3 V, no se produce ninguna vibración en la membrana del altavoz, y sin vibración no hay sonido.

¿Y qué sucede con otros valores intermedios? Probemos, por ejemplo, con un valor del ciclo de trabajo del 25 % (`duty_16=16384`). Si no se cambia la frecuencia, la nota sigue siendo la misma, aunque suena un poco diferente. Ha cambiado ligeramente el timbre del sonido porque al cambiar el ciclo de trabajo se ha variado la forma de la onda.

En conclusión, en el resto del capítulo los dos únicos valores que usaremos del ciclo de trabajo son 50 % (`duty_u16=32768` o `duty=512`) para crear un sonido y cero (`duty_u16=0` o `duty=0`) para silenciarlo.

```
>>> ALTAVOZ.duty_u16(32768)
>>> ALTAVOZ.duty_u16(0)
```

8.6 Do, re, mi

En los apartados anteriores hemos sentado las bases de la generación de sonido con MicroPython: para generar un sonido crearemos una señal PWM cuya frecuencia determina el tono de la nota musical; el ciclo de trabajo, a su vez, lo pondremos al 50 %, excepto en los momentos en los que queramos silenciar el sonido, en cuyo caso lo pondremos al 0 %. Y ahora vamos a aplicarlo para obtener nuestras primeras melodías electrónicas.

Dado que ya sabemos cómo reproducir una nota musical, planteamos aquí el primer reto: escribir un programa para que el altavoz emita varias notas seguidas. Por ejemplo, do, re y mi, cuyas frecuencias respectivas son 262, 294 y 330 hercios (hemos redondeado los valores porque la frecuencia debe ser un número entero). La duración de cada nota es indiferente; ya nos ocuparemos más adelante de ajustarla. Como siempre, se debe intentar antes de consultar la respuesta.

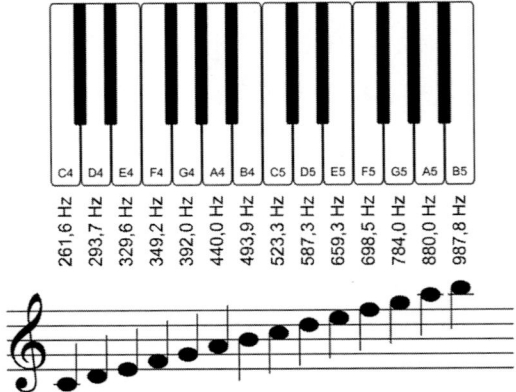

Figura 8.7 Frecuencia de algunas notas musicales.

Una posible solución es la que mostramos a continuación.

```python
from machine import Pin, PWM
from time import sleep_ms
ALTAVOZ = PWM(Pin(18), duty_u16=32768)
DO = 262
RE = 294
MI = 330
DURACION = 500
ALTAVOZ.freq(DO)
sleep_ms(DURACION)
ALTAVOZ.freq(RE)
sleep_ms(DURACION)
ALTAVOZ.freq(MI)
sleep_ms(DURACION)
ALTAVOZ.deinit()
```

En el constructor hemos inicializado la señal PWM con un ciclo de trabajo del 50 %, pero hemos dejado sin establecer el valor de la frecuencia, que asignamos posteriormente con el método `freq()`. Para la frecuencia de cada una de las notas hemos creado sendas variables, DO, RE y MI, y la duración de las notas la establecemos en una variable llamada DURACION. Finalmente, desactivamos la señal para que se deje de emitir sonido.

8.7 ¿*Legato* o *staccato*?

En el programa anterior las notas se interpretaban unidas, una inmediatamente a continuación de la otra; esta manera de interpretar un grupo de notas musicales se llama *legato*. Existe otra técnica que consiste en interpretar las notas separadas por un breve silencio: es el llamado *staccato*. Para conseguirlo, se acorta la nota respecto a su valor original y así queda separada por un silencio de la nota siguiente en la melodía. Eso es lo que vamos a hacer ahora: interpretar las notas do, re y mi con un silencio entre ellas.

Aunque hay muchas maneras de implementar el programa, lo más conveniente es usar funciones. En un pentagrama, cada nota queda determinada por su altura (la frecuencia) y su duración; así mismo, los silencios se caracterizan por su duración. Por ese motivo crearemos dos funciones: una para interpretar una nota, con dos argumentos —la frecuencia y la duración de la nota—, y otra para el silencio, con un único argumento —la duración del silencio—. De esta manera, más adelante podremos aprovechar estas funciones para escribir composiciones musicales más elaboradas.

```
from machine import Pin, PWM
from time import sleep_ms
ALTAVOZ = PWM(Pin(18), duty_u16=0)
# Frecuencia de las notas musicales (Hz)
DO = 262
RE = 294
MI = 330
# Duración de las notas y del silencio (ms)
```

```python
DURACION_NOTA = 250
DURACION_SILENCIO = 250
# Nota musical
def nota(frecuencia, duracion):
    ALTAVOZ.duty_u16(32768)
    ALTAVOZ.freq(frecuencia)
    sleep_ms(duracion)
# Silencio
def silencio(duracion):
    ALTAVOZ.duty_u16(0)
    sleep_ms(duracion)
# Se desactiva la señal
def apagado():
        ALTAVOZ.deinit()
# Melodía
nota(DO, DURACION_NOTA)
silencio(DURACION_SILENCIO)
nota(RE, DURACION_NOTA)
silencio(DURACION_SILENCIO)
nota(MI, DURACION_NOTA)
silencio(DURACION_SILENCIO)
# Se desactiva el altavoz
apagado()
```

Para hacer este programa no es necesario utilizar funciones —se podrían haber escrito las instrucciones una a continuación de la otra—, pero es una buena práctica hacerlo así.

8.8 *Space Invaders*

En el año 1978 sale al mercado uno de los videojuegos más icónicos de todos los tiempos: *Space Invaders*. Este es el primer videojuego en el que la música interactúa con el desarrollo del juego. Aunque son solo cuatro notas que se repiten una y otra vez, no se trata de meros efectos sonoros; a medida que los enemigos se van moviendo a más velocidad, la melodía también acelera. La música, machacona y amenazadora, genera así una urgencia que produce desasosiego y angustia en el jugador.

Figura 8.8 *Space Invaders*, de la compañía japonesa Taito, fue el primer videojuego en el que la música interactuaba con la acción del juego.

Vamos a programar la secuencia de cuatro notas —sol, fa#, fa, mi— del juego *Space Invaders*. Las frecuencias de las notas son 165 Hz (mi), 175 Hz (fa), 185 Hz (fa sostenido) y 196 Hz (sol).

Figura 8.9 Las cuatro notas —sol, fa#, fa, mi— de *Space Invaders*.

Reutilizaremos las funciones del apartado anterior y escogeremos la duración de las notas y los silencios de manera que "suene bien". Para que la melodía se repita en bucle la incluiremos dentro de un bucle `while True`.

```python
from machine import Pin, PWM
from time import sleep_ms
ALTAVOZ = PWM(Pin(18), duty_u16=0)
# Frecuencia de las notas musicales (Hz)
MI = 165
FA = 175
FA_S = 185
SOL = 196
# Duración de las notas y del silencio (ms)
DURACION_NOTA = 400
DURACION_SILENCIO = 200
# Nota musical
def nota(frecuencia, duracion):
    ALTAVOZ.duty_u16(32768)
    ALTAVOZ.freq(frecuencia)
    sleep_ms(duracion)
```

```
# Silencio
def silencio(duracion):
    ALTAVOZ.duty_u16(0)
    sleep_ms(duracion)
# Melodía
while True:
    nota(SOL, DURACION_NOTA)
    silencio(DURACION_SILENCIO)
    nota(FA_S, DURACION_NOTA)
    silencio(DURACION_SILENCIO)
    nota(FA, DURACION_NOTA)
    silencio(DURACION_SILENCIO)
    nota(MI, DURACION_NOTA)
    silencio(DURACION_SILENCIO)
```

8.9 El *tempo* de la composición

Por ahora todo va muy bien. Pero en *Space Invaders*, según va avanzando el juego, los aliens están cada vez más cerca y la melodía se reproduce más rápidamente. Si queremos modificar el programa para reflejar esta situación habría que cambiar las duraciones tanto de las notas como de los silencios, pero hacer esto a ojo es complicado y poco efectivo. A cambio, existe un término musical que nos va a ayudar a acelerar la música fácilmente: el *tempo*.

Adagio, andante, allegro, presto... Estas descripciones en una composición musical indican el *tempo*, es decir, la velocidad con la que debe ser interpretada la pieza. El *tempo* se expresa dando el número de pulsos (o *beats*) que se deben ejecutar por minuto. La unidad para medir el *tempo* es pulsos por minuto, que abreviaremos como ppm (o bpm, del inglés *beats per minute*). Sin profundizar demasiado, podemos decir que un pulso es la duración de una figura determinada — normalmente la negra— que se toma como referencia. En consecuencia, un *tempo* de 60 pulsos por minuto indica que, en cada minuto de interpretación, hay que interpretar exactamente 60 pulsos. Esto equivale a decir que cada pulso debe tener una duración de un segundo. Lógicamente, cuanto mayor sea el número de pulsos por minuto más rápidamente debe interpretarse la pieza. O, dicho de otra manera, cuantos más pulsos por minuto, menos tiempo dura cada pulso.

Veamos cómo podemos reescribir el programa anterior usando el *tempo* de la composición. La melodía de *Space Invaders* empieza relativamente lenta; podríamos caracterizarla como un *andante* o un *moderato*. Lo primero que necesitamos es transformar estas descripciones subjetivas en un número, y para ello se puede utilizar un metrónomo online. Un *tempo* de 100 ppm parece una buena elección para el comienzo de la melodía.

Necesitamos ahora saber cuánto tiempo dura un pulso. Existe una sencilla relación matemática entre el *tempo* y la duración de un pulso: dado que el *tempo* en pulsos por minuto es el número de pulsos que hay en un minuto, y un minuto tiene 60 segundos, un pulso dura 60/*tempo*, en segundos. O, si multiplicamos por 1000, la duración de un pulso es 60 000/*tempo*, en milisegundos:

$$pulso\ (ms) = \frac{60000}{tempo(ppm)}$$

El *tempo* que hemos elegido es de 100 ppm, o 100 pulsos por minuto, por tanto, la duración de un pulso, en milisegundos, será 60 000/100 = 600 ms.

Ya sabemos, entonces, que para nuestra melodía a 100 ppm cada pulso debe durar 600 ms. Ahora bien, ¿en qué consiste exactamente un pulso? En nuestra composición podemos considerar que cada pulso está compuesto por la nota más el silencio. Por tanto, tenemos que repartir los 600 ms entre la duración de la nota y la duración del silencio. Dado que en el ejemplo habíamos puesto 400 ms como duración de la nota y 200 ms como duración del silencio, vamos a seguir con esos valores. Para hacerlo de manera sistemática, podemos decir que la nota dura las dos terceras partes del pulso y el silencio dura el tercio restante.

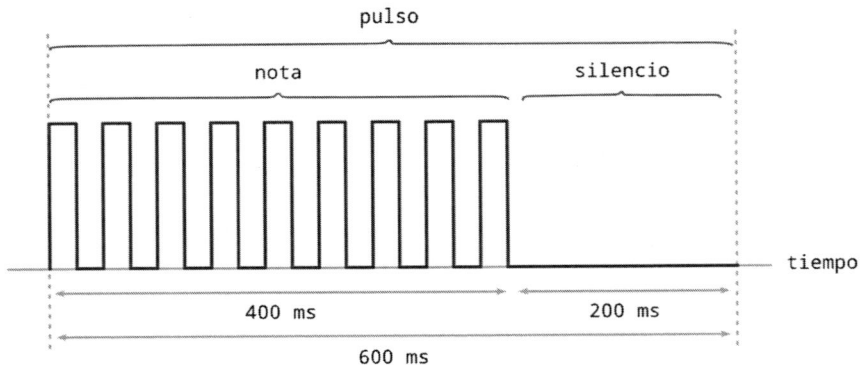

Figura 8.10 En un pulso de 600 ms, la nota ocupa los dos tercios del tiempo (400 ms) y el silencio un tercio (200 ms).

Ya estamos en condiciones de reescribir el programa usando el *tempo* de la composición en lugar de las duraciones de la nota y el silencio. Pero antes hagamos una pequeña comprobación, para asegurarnos de que estamos haciendo las cosas bien: vamos a escribir en el REPL las instrucciones para calcular los tiempos. Establecemos la variable TEMPO con el valor del *tempo* en pulsos por minuto (ppm).

```
>>> TEMPO = 100
```

Ahora calculamos la duración del pulso, la nota y el silencio:

```
>>> pulso = 60000/TEMPO
>>> duracion_nota = 2/3*pulso
>>> duracion_silencio = 1/3*pulso
```

E imprimimos sus valores:

```
>>> pulso
600.0
>>> duracion_nota
400.0
>>> duracion_silencio
200.0
```

Las duraciones son las deseadas, pero hay un problema: es muy probable que a la función `sleep_ms()` no le guste que se le pasen estos valores como argumento. De hecho, si lo intentamos recibimos un mensaje de error.

```
>>> from time import sleep_ms
>>> sleep_ms(200.0)
 TypeError: can't convert float to int
```

El problema es que los resultados obtenidos son del tipo `float` (es decir, son números reales), mientras que el argumento de `sleep_ms()` debe ser un número entero. Por tanto, debemos recurrir a la función `int()` para transformar los `float` en `int`.

```
>>> duracion_nota = int(2/3*pulso)
>>> duracion_silencio = int(1/3*pulso)
```

Los valores son ahora números enteros, como necesitamos.

```
>>> duracion_nota
400
>>> duracion_silencio
200
```

Ahora ya podemos pasar a modificar el programa de la música de *Space Invaders* para incluir una variable con el *tempo* de la composición; también es conveniente crear una nueva función para generar la melodía. La modificación queda como ejercicio, ya que es inmediata. Una vez que esté listo, cambiando únicamente el valor del *tempo* se obtiene una melodía más lenta o más rápida. Probemos con un *tempo* de 200 ppm... ¡los enemigos están muy cerca!

8.10 ¡Ya están aquí!

El hecho de introducir el *tempo* en la composición nos permite hacer otra mejora en la música de *Space Invaders*. Según va avanzando el juego, la música se interpreta cada vez más y más rápido. Es lo que, en términos musicales, se llama *accelerando*. Modifiquemos el programa para que la música empiece lentamente —por ejemplo, a 80 ppm— y vaya acelerando poco a poco hasta llegar a un *prestissimo* — 300 ppm—. Adjuntamos una solución, pero, como siempre, es mejor intentarlo antes de mirarla.

```
from machine import Pin, PWM
from time import sleep_ms
```

```
ALTAVOZ = PWM(Pin(18), duty_u16=0)
# Frecuencia de las notas musicales (Hz)
MI = 165
FA = 175
FA_S = 185
SOL = 196
# Tempo inicial (ppm)
TEMPO_0 = 80
# Tempo máximo (ppm)
TEMPO_MAX = 300
# Incremento en el tempo (ppm)
INCREMENTO = 10
# Se inicializa la variable tempo (bpm)
tempo = TEMPO_0
# Nota musical
def nota(frecuencia, duracion):
    ALTAVOZ.duty_u16(32768)
    ALTAVOZ.freq(frecuencia)
    sleep_ms(duracion)
# Silencio
def silencio(duracion):
    ALTAVOZ.duty_u16(0)
    sleep_ms(duracion)
```

```
# Melodía en función del tempo t
def melodia(t):
    pulso = 60000/t
    duracion_nota = int(2/3*pulso)
    duracion_silencio = int(1/3*pulso)
    # Se reproducen las notas
    nota(SOL, duracion_nota)
    silencio(duracion_silencio)
    nota(FA_S, duracion_nota)
    silencio(duracion_silencio)
    nota(FA, duracion_nota)
    silencio(duracion_silencio)
    nota(MI, duracion_nota)
    silencio(duracion_silencio)

while True:
    while tempo <= TEMPO_MAX:
        # Se interpreta la melodía
        melodia(tempo)
        # El tempo se incrementa
        tempo += INCREMENTO
    # Se vuelve al tempo inicial
    tempo = TEMPO_0
    # Se espera 1 s antes de volver a empezar
    sleep_ms(1000)
```

8.11 Las partituras al estilo Python

Antes de continuar debemos hacer un inciso para hablar de una estructura de datos fundamental en cualquier lenguaje de programación: las listas. El motivo es que usaremos listas para escribir las partituras musicales de las composiciones que interpretemos.

Una lista es una manera de agrupar varios datos bajo un mismo nombre. Los elementos de la lista se escriben entre corchetes y separados por comas. Cada elemento se localiza mediante un índice que indica la posición que ocupa en la lista. En Python, el índice correspondiente al primer elemento es el cero.

Una nota musical queda caracterizada por el tono (la frecuencia) y la duración. Su situación en el pentagrama indica el tono (do, re, mi… y la octava) y la figura (redonda, blanca, negra…) indica la duración. Tomemos, por ejemplo, el compás de la imagen. Las notas son, en este orden, re, fa, la, sol y fa y las duraciones respectivas son negra con puntillo, corchea, negra, corchea y corchea.

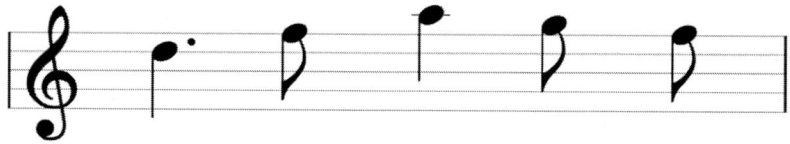

Figura 8.11 Compás con cinco notas. La posición de la nota en el pentagrama indica el tono y la figura indica la duración.

Pues bien, para escribir las notas musicales de manera que las podamos utilizar en un programa vamos a utilizar dos listas. En una de ellas guardaremos, para cada nota, su tono; en la otra almacenaremos la duración de cada nota.

Tono y duración de cada nota

Probemos las siguientes instrucciones en el REPL para entender cómo vamos a proceder para reproducir la melodía.

Por un lado, en la lista `tono` almacenamos, en orden, los tonos de las notas.

```
>>> tono = ["Re", "Fa", "La", "Sol", "Fa"]
```

A su vez, la lista `duracion` contiene la duración de cada nota del compás.

```
>>> duracion = ["Negra con puntillo", "Corchea",
"Negra", "Corchea", "Corchea"]
```

El tono de la primera nota de la lista es `tono[0]` y su duración es `duracion[0]`.

```
>>> tono[0]
'Re'
>>> duracion[0]
'Negra con puntillo'
```

La segunda nota tiene un tono `tono[1]` y dura `duracion[1]`, y así sucesivamente.

nota 0	nota 1	nota 2	nota 3	nota 4
tono[0]	tono[1]	tono[2]	tono[3]	tono[4]
duracion[0]	duracion[1]	duracion[2]	duracion[3]	duracion[4]

Tabla 8.2 Tonos y duraciones de las cinco notas.

Es decir, para identificar cada nota tomamos un elemento de la lista `tono` y el elemento de la lista `duracion` que corresponde a su misma posición. Así de simple.

Todas las notas del compás

Si queremos interpretar todas las notas del compás solo tenemos que recorrer uno a uno los elementos de las listas anteriores. Pero para ello debemos saber cuántos elementos tienen dichas listas. Para ello se usa la función `len()`.

```
>>> len(tono)
5
```

Si hubiésemos hecho `len(duracion)` habríamos obtenido el mismo resultado, ya que ambas listas tienen la misma longitud.

Otra función fundamental cuando se trabaja con listas en Python es `range()`. Con un único argumento, `range(N)` —N tiene que ser entero— crea una secuencia de números enteros consecutivos entre 0 (incluido) y N (excluido). Por tanto, `range(len(tono))` crea la secuencia de números 0, 1, 2, 3 y 4.

BEATRIZ PADÍN / ADRIANA DAPENA

Así, para obtener todas las notas del compás podemos usar el siguiente bucle `for`, que recorre uno a uno los elementos de ambas listas.

```
>>> for i in range(len(tono)):
...         print(i, "\t", tono[i], "\t", duracion[i])
0       Re      Negra con puntillo
1       Fa      Corchea
2       La      Negra
3       Sol     Corchea
4       Fa      Corchea
```

Una vez vista la manera de trabajar con listas, estamos en condiciones de escribir "en modo Python" la melodía de cualquier composición musical.

8.12 *Korobéiniki*

En 1989 el compositor japonés Hirokazu Tanaka creó el archiconocido arreglo de la melodía popular rusa *Korobéiniki* que se incluyó como música "tipo A" en la versión de *Tetris* para la Game Boy de Nintendo. Vamos a reproducir con nuestro microcontrolador la que se convirtió en una de las melodías más famosas de la historia de los videojuegos. Pero para ello primero hay que conseguir la partitura.

Hay muchas adaptaciones en Internet de las melodías de los videojuegos más conocidos. Se deben buscar los arreglos para un solo instrumento (no podemos reproducir melodías polifónicas) o, si tenemos conocimientos musicales, podemos hacer nuestros propios arreglos. Nosotros vamos a utilizar la versión para flauta disponible en la página *www.flutetunes.com*. En dicha página, además de la partitura de *Korobéiniki*, hay multitud de melodías en versiones muy adecuadas para la tarea que nos ocupa.

Figura 8.12 Dos compases de *Korobéiniki* en el arreglo para flauta de *www.flutetunes.com*. Debajo de cada figura se indica el tono de la nota y su duración.

Con la partitura delante y con unos conocimientos musicales básicos podemos identificar los tonos y las duraciones de cada nota. Si no sabemos, o si simplemente no nos apetece dedicar tiempo a esa tarea, incluimos más adelante la transcripción de la partitura.

La estructura del programa

Dado que el programa con que interpretaremos la música del *Tetris* es algo largo, lo hemos estructurado en cinco partes diferenciadas que iremos analizando por separado. Indicamos a continuación, de manera abreviada, el objetivo de cada una de ellas, y en lo que queda del apartado las explicaremos con más detalle.

- Parte 1: Configuración. Se hacen las importaciones necesarias y se inicializa el altavoz.

- Parte 2: Variables. Se incluyen las variables que se usarán a lo largo del programa.

- Parte 3: Partitura. Se crean las listas con los tonos y las duraciones de las notas de la melodía.
- Parte 4: Funciones. Se definen las funciones con que se interpretarán las notas y los silencios.
- Parte 5: Melodía. Se interpreta la melodía.

Es conveniente que, a medida que se entienden las instrucciones de cada parte, se vayan copiando en el editor de scripts. El programa no hará nada perceptible mientras no se incluya la última parte, pero es una manera de ir comprobando poco a poco que no hemos cometido errores de transcripción.

Parte 1: Configuración

En la configuración usamos las mismas instrucciones que en apartados anteriores: importamos las clases `Pin` y `PWM` y la función `sleep_ms` e inicializamos el altavoz (cambiar el pin si es necesario).

```
from machine import Pin, PWM
from time import sleep_ms
ALTAVOZ = PWM(Pin(18), duty_u16=0)
```

Parte 2: Variables

Definimos las variables que usaremos a lo largo del programa: frecuencia de las notas, *tempo* de la composición y duración de las figuras.

El criterio que hemos seguido para nombrar cada nota es el siguiente: el nombre de la nota en minúsculas seguido, si es necesario, de la alteración que corresponda (B para bemol y S para sostenido) y, finalmente, un número que indica la octava. Por ejemplo, al do de la quinta octava le hemos llamado `do5`; al sol sostenido de la cuarta octava, `solS4`, y así sucesivamente. Siguiendo este criterio definimos las variables que usaremos en el programa con las frecuencias de las notas, en hercios.

`solS4 = 415`	`doS5 = 554`	`faS5 = 740`
`la4 = 440`	`re5 = 587`	`sol5 = 784`
`laS4 = 466`	`reS5 = 622`	`solS5 = 831`
`si4 = 494`	`mi5 = 659`	`la5 = 880`
`do5 = 523`	`fa5 = 698`	

A su vez, la duración de la nota la especificamos con el nombre de la figura: `blanca`, con una duración de dos pulsos; `negra`, un pulso; `corchea`, medio pulso, y `negra_punt` es la negra con puntillo, cuya duración es un pulso y medio. Hemos tomado como un pulso la duración de una negra, porque al principio de la partitura se indica que es así; se nos dice, además, que el *tempo* es de 144 pulsos por minuto.

$$\text{♩} = 144$$

Figura 8.13 La indicación del *tempo* al inicio de la partitura.

Estableciendo el *tempo* en 144 pulsos por minuto, a partir de este valor creamos las variables con la duración de cada figura.

```
TEMPO = 144

pulso = 60000/TEMPO

blanca = int(2*pulso)

negra = int(1*pulso)

negra_punt = int(1.5*pulso)

corchea = int(0.5*pulso)
```

Parte 3: Partitura

Lo que viene ahora es escribir la partitura usando las variables creadas. Para ello usaremos sendas listas, una para las frecuencias y otra para las duraciones de cada nota.

La primera lista, que hemos llamado `korobeiniki_tono`, contiene los tonos de las notas en el orden en que deben ser interpretados. En esta lista usaremos el valor 0 para identificar los silencios.

```
korobeiniki_tono = [
    mi5, si4, do5, re5, do5, si4,      # Compás 1
    la4, la4, do5, mi5, re5, do5,      # Compás 2
    si4, do5, re5, mi5,                # Compás 3
    do5, la4, la4, la4, si4, do5,      # Compás 4
    re5, fa5, la5, sol5, fa5,          # Compás 5
    mi5, do5, mi5, re5, do5,           # Compás 6
    si4, si4, do5, re5, mi5,           # Compás 7
    do5, la4, la4, 0,                  # Compás 8
    mi5, si4, do5, re5, do5, si4,      # Compás 1
    la4, la4, do5, mi5, re5, do5,      # Compás 2
    si4, do5, re5, mi5,                # Compás 3
    do5, la4, la4, la4, si4, do5,      # Compás 4
    re5, fa5, la5, sol5, fa5,          # Compás 5
    mi5, do5, mi5, re5, do5,           # Compás 6
    si4, si4, do5, re5, mi5,           # Compás 7
    do5, la4, la4, 0,                  # Compás 8
```

```
    mi5, do5,                          # Compás 9

    re5, si4,                          # Compás 10

    do5, la4,                          # Compás 11

    solS4, si4, 0,                     # Compás 12

    mi5, do5,                          # Compás 13

    re5, si4,                          # Compás 14

    do5, mi5, la5,                     # Compás 15

    solS5, 0                           # Compás 16

    ]
```

Análogamente, la lista `korobeiniki_duracion` contiene la duración de cada una de las notas.

```
korobeiniki_duracion = [

    negra, corchea, corchea, negra, corchea, corchea,

    negra, corchea, corchea, negra, corchea, corchea,

    negra_punt, corchea, negra, negra,

    negra, negra, corchea, corchea, corchea, corchea,

    negra_punt, corchea, negra, corchea, corchea,

    negra_punt, corchea, negra, corchea, corchea,

    negra, corchea, corchea, negra, negra,

    negra, negra, negra, negra,

    negra, corchea, corchea, negra, corchea, corchea,

    negra, corchea, corchea, negra, corchea, corchea,

    negra_punt, corchea, negra, negra,

    negra, negra, corchea, corchea, corchea, corchea,
```

```
    negra_punt, corchea, negra, corchea, corchea,

    negra_punt, corchea, negra, corchea, corchea,

    negra, corchea, corchea, negra, negra,

    negra, negra, negra, negra,

    blanca, blanca,

    blanca, blanca,

    blanca, blanca,

    blanca, negra, negra,

    blanca, blanca,

    blanca, blanca,

    negra, negra, blanca,

    blanca, blanca
    ]
```

Estas dos listas nos proporcionan la partitura de la melodía escrita de manera que la podamos usar en el programa.

Parte 4: Funciones

Para crear la melodía vamos a reutilizar las funciones `nota()` y `silencio()` de los apartados anteriores, que nos permitían, respectivamente, interpretar una nota (dada la frecuencia y el tiempo de duración) y un silencio (dada la duración).

```
def nota(frecuencia, tiempo):
    ALTAVOZ.duty_u16(32768)
    ALTAVOZ.freq(frecuencia)
    sleep_ms(tiempo)
```

```
def silencio(tiempo):
    ALTAVOZ.duty_u16(0)
    sleep_ms(tiempo)
```

Parte 5: Melodía

Solo resta interpretar la melodía. Para ello llamamos a la función `nota()` con los argumentos de frecuencia y tiempo dados por cada par de valores `korobeiniki_tono[i]` y `korobeiniki_duracion[i]` de las listas definidas anteriormente. Añadimos también un pequeño silencio entre nota y nota; de lo contrario, dos notas iguales consecutivas sonarían como una sola.

Sin embargo, antes hay que hacer una comprobación, ya que en la partitura también hay silencios, indicados con el valor 0 en el tono. En tal caso, en lugar de llamar a la función `nota()` llamaremos a `silencio()`.

```
for i in range(len(korobeiniki_tono)):
    if korobeiniki_tono[i] == 0:
        silencio(korobeiniki_duracion[i])
    else:
        nota(korobeiniki_tono[i], korobeiniki_duracion[i])
        silencio(10)
```

Todo junto

Ponemos juntas todas las instrucciones que hemos visto en este apartado, en el orden indicado, y ejecutamos el programa. No está nada mal el resultado, ¿verdad?

Con este ejercicio se han sentado las bases para interpretar cualquier otra melodía. Solo hay que "traducir" la partitura a tonos y duraciones y ajustar el *tempo*; el programa es totalmente reutilizable.

8.13 Archivos externos

En este último apartado no introduciremos nada nuevo relacionado con la creación musical, sino que trataremos algo que nos puede ayudar en cualquier programa de MicroPython.

Gracias a lo aprendido en los apartados anteriores podemos reproducir con nuestro microcontrolador la melodía que deseemos. Las partituras de las distintas melodías son, obviamente, diferentes. Por tanto, las notas utilizadas también cambiarán. En el caso de *Korobéiniki* hemos incluido los valores de las frecuencias en el programa porque el rango de notas era pequeño (estaban todas comprendidas entre el sol sostenido de la cuarta octava y el la de la quinta). Pero buscar cuáles son las notas que aparecen en cada melodía para incluirlas en el programa es poco práctico. Podíamos también proceder de la siguiente manera: copiamos en el programa la lista de las frecuencias de todas las notas, estén o no en la partitura, y ya se usarán las que hagan falta. No es descabellado, pero quedaría un programa demasiado largo. Hay una solución parecida a esta pero que hace que el tamaño del programa, lejos de aumentar, disminuya: incluir todas las frecuencias —sean o no necesarias para la melodía en cuestión— en un archivo externo.

Veamos cómo lo podemos hacer. En el editor creamos un nuevo archivo, con el nombre `frecuencias.py`, y en él escribimos las variables que representan cada tono junto al valor de su frecuencia (estos valores debemos buscarlos en alguna referencia online). Mostramos aquí algunas de las líneas del archivo.

```
...
mi4 = 330

fa4 = 349

faS4 = 370

solB4 = 370

sol4 = 392

solS4 = 415

laB4 = 415

la4 = 440
...
```

Este archivo, una vez creado, lo guardamos en el sistema de archivos de la placa (el procedimiento es el mismo que usamos en capítulos anteriores). Una vez que se ha guardado el archivo en la memoria *flash* del microcontrolador podemos acceder a él desde el programa igual que si fuese uno de los módulos integrados de MicroPython: usando la instrucción `import frecuencias` (sin la extensión). Vamos a hacer primero un par de pruebas desde el REPL.

```
>>> import frecuencias
```

Si no obtenemos un mensaje de error, es que el archivo se importó correctamente. Veamos ahora si podemos acceder a las variables que contiene el archivo; por ejemplo, a la que tiene el nombre `la4`, cuyo valor es 440.

BEATRIZ PADÍN / ADRIANA DAPENA

```
>>> la4

 NameError: name 'la4' isn't defined
```

Este mensaje de error no debería sorprendernos. Cuando importábamos las funciones de un módulo anteponíamos a la función el nombre del módulo, separado por un punto. Probémoslo.

```
>>> frecuencias.la4

440
```

Ahora funciona a la perfección. Claro que no parece muy cómodo escribir todas las notas musicales de esta manera. Probemos otra manera de hacerlo: importando solo la nota.

```
>>> from frecuencias import la4

>>> la4

440
```

Haciéndolo así llega con poner solo el nombre de la variable, pero tampoco parece muy buen negocio: tenemos que importar todas las variables, una a una, y eso es precisamente lo que intentábamos evitar. Sin embargo, hay una manera de no tener que escribir los nombres de todas las variables, y es usando un asterisco, *. Este asterisco es equivalente a decir "todas las variables, funciones, etc. que existan dentro del módulo en cuestión". Y eso es lo que vamos a hacer:

```
>>> from frecuencias import *

>>> la4

440
```

¡Perfecto! Podemos acceder a las variables del archivo `frecuencias.py` sin necesidad de importar las variables una a una y sin tener que escribir el nombre del archivo delante de cada variable.

En el programa donde se reproducía *Korobéiniki* añadimos la instrucción `from frecuencias import *` y borramos las declaraciones de las variables correspondientes a los tonos; el programa debería funcionar exactamente igual.

Aunque en este caso es una buena solución, cuidado con el asterisco. La importación de las funciones y variables es completamente a ciegas; si se da la circunstancia de que dos módulos tengan una función con el mismo nombre pero que realiza tareas diferentes, al utilizarla no sabemos cuál de ellas estamos usando, lo cual puede ser un gran problema.

Esta estrategia de separar el código en diferentes archivos es muy útil para mantener los programas organizados y con tamaños razonables. Además, permite reutilizar código: las variables del archivo `frecuencias.py` están disponibles para ser utilizadas desde cualquier programa.

En resumen

Dado que el hilo conductor de este capítulo ha sido el sonido, hemos empezado relacionando las ondas sonoras con las señales PWM que introdujimos en el capítulo anterior. Hemos aprendido cómo crear notas musicales de diferente tono y duración, y hemos unido varias notas para interpretar una composición musical. Hemos visto cómo se puede establecer el *tempo* de una composición musical y lo hemos modificado para generar una melodía que se interpreta cada vez más rápido. Para finalizar, hemos dividido el código en distintos archivos para crear un programa más pequeño y organizado. Con todo lo aprendido podremos reproducir la música de cualquier videojuego de arcade y otras muchas melodías.

CAPÍTULO 9
Cambio climático

Los sensores desempeñan un papel fundamental en una gran mayoría de aplicaciones de los microcontroladores. Nuestro primer contacto con el mundo de los sensores será a través de un sensor analógico de temperatura. Los conceptos que trataremos en este capítulo nos permitirán sentar las bases para trabajar con otros sensores analógicos, como pueden ser un potenciómetro, un sensor de sonido, una LDR (del inglés *Light Dependent Resistor*), un acelerómetro o incluso un joystick.

Este capítulo cierra el bloque de introducción a las señales analógicas: si en los dos capítulos anteriores escribimos señales analógicas, lo que haremos en este será programar un sensor para leerlas. Trabajaremos con el siguiente sensor:

- Sensor analógico de temperatura TMP36 (en encapsulado TO-92)

- Opcional: termistor NTC, con la resistencia externa integrada (módulo KY-013)

9.1 Proyecto "Cambio climático"

«El cambio climático afecta, en la actualidad, a todos los países en todos los continentes. Tiene un impacto negativo en la economía y la vida de las personas, las comunidades y los países. En el futuro, las consecuencias serán todavía peores». Esta cita, extraída de los Objetivos de Desarrollo Sostenible de las Naciones Unidas —en concreto del número 13, "Tomar medidas urgentes para combatir el cambio climático"—, resume en pocas palabras lo que hace tiempo sabemos sobre el cambio climático y sus efectos.

Figura 9.1 Objetivo 13: Adoptar medidas urgentes para combatir el cambio climático y sus efectos.

Para caracterizar el clima de la Tierra y poder obtener una imagen del cambio climático a escala mundial los científicos utilizan las llamadas variables climáticas esenciales. Estas variables, que proporcionan evidencia empírica sobre el cambio climático, son indicadores clave que se utilizan para evaluar riesgos climáticos, buscar las causas subyacentes de los fenómenos climáticos, planificar políticas a diferentes escalas, etc.

Existe una gran cantidad de sensores, económicos y fáciles de usar, que se pueden programar con un microcontrolador para estudiar algunas de las variables climáticas esenciales: concentración de CO_2, precipitaciones, temperatura, humedad, radiación infrarroja y ultravioleta... En este capítulo, en concreto, programaremos un sensor de temperatura que podremos utilizar para elaborar proyectos más complejos relacionados con una de las variables que más importancia tiene en el estudio del cambio climático.

9.2 ¿Qué es un sensor?

Vivimos rodeados de sensores: puertas que se abren automáticamente ante nosotros, farolas que se encienden cuando hay poca luz, pantallas táctiles que responden a los movimientos de nuestros dedos... Todos estos ejemplos funcionan básicamente de la misma manera: un sensor detecta los valores de una propiedad del mundo físico y los transforma en señales eléctricas, que son enviadas a un microcontrolador. El microcontrolador procesa estas señales y manda a los dispositivos de salida —los actuadores— las órdenes pertinentes para que actúen de la manera programada. Este ciclo sensor-microcontrolador-actuador se repite una y otra vez, de manera que la respuesta obtenida se adapta siempre al estímulo recibido por el sensor.

Para que la magnitud detectada por el sensor pueda ser leída por el microcontrolador es imprescindible que se transforme en una magnitud eléctrica. Este es precisamente el papel de los sensores: recibir señales físicas, químicas o biológicas —temperatura, presión atmosférica, radiación ultravioleta, intensidad de campo magnético, aceleración, nivel de pH... — y transformarlas en señales eléctricas que puedan ser interpretadas por el microcontrolador.

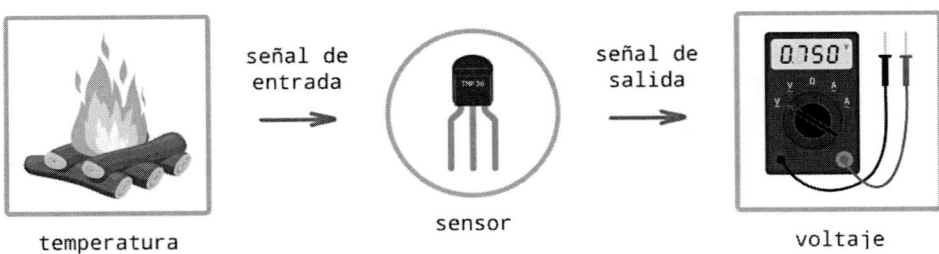

señal de entrada

sensor

señal de salida

temperatura

voltaje

Figura 9.2 La señal de entrada (la magnitud que queremos medir) es la temperatura. El sensor lee la temperatura y devuelve un voltaje como señal de salida.

Cuando la salida de un sensor es una señal eléctrica como voltaje o resistencia —es decir, una señal analógica continua— se dice que es un sensor analógico; este es el tipo de sensores a los que dedicaremos este capítulo. Otros sensores, sin embargo, incorporan componentes electrónicos que transforman la medida en una secuencia de ceros y unos, es decir, proporcionan una salida digital; a estos se les llama sensores digitales.

Existen multitud de sensores analógicos que se pueden utilizar con MicroPython para medir las más variadas magnitudes; además, la mayoría de ellos son baratos y fáciles de conseguir. En este capítulo trabajaremos con el sensor de temperatura TMP36, pero los conceptos básicos que trataremos son aplicables a cualquier sensor analógico.

9.3 El sensor de temperatura TMP36

El TMP36 es un sensor de temperatura semiconductor, lo cual quiere decir que en su interior hay un diodo semiconductor en el que el voltaje cambia con la temperatura. Por tanto, la señal de entrada (la magnitud física que queremos medir) es la temperatura y la señal de salida (la magnitud eléctrica en la que se transforma la temperatura para poder ser leída por el microcontrolador) es el voltaje.

Este sensor es barato y fácil de conseguir (usaremos el que se presenta en el encapsulado TO-92 de tres pines, que es muy habitual) y, además, el montaje y la programación son muy sencillos.

Figura 9.3 El sensor de temperatura TMP36 en el encapsulado TO-92.

Lo primero que debemos hacer siempre para trabajar con un sensor es consultar su hoja de datos o ficha técnica (*data sheet*, en inglés). Escribiendo en un buscador "tmp36 data sheet" aparecerán multitud de sitios web que alojan la hoja de datos del sensor. Este documento proporciona toda la información técnica del sensor, la mayoría de la cual no será de nuestro interés; habitualmente nos bastará con consultar la primera página, donde se suelen resumir las características generales de montaje y uso. A continuación, vamos a analizar los datos que resultan pertinentes en la hoja de datos del TMP36 y los explicaremos brevemente.

Características del sensor

En las características generales del TMP36, que se resumen en la primera página de la hoja de datos, encontramos la siguiente información:

 BEATRIZ PADÍN / ADRIANA DAPENA

- «Mide temperaturas entre −40 °C y +125 °C». Es importante saber en qué rango de medidas funciona un sensor; si lo sometemos a valores fuera de este intervalo no tenemos la garantía de obtener valores correctos y, además, podemos estropearlo.

- «Funciona con voltajes bajos de alimentación, entre 2.7 y 5.5 voltios». Este es un dato que siempre debemos tener en cuenta cuando escojamos un sensor. Los microcontroladores con los que estamos trabajando suministran 3.3 V, así que estamos dentro del rango de utilización del sensor.

- «Proporciona un voltaje de salida proporcional a la temperatura en grados centígrados». Esta característica hace que sea muy sencillo transformar el voltaje proporcionado por el sensor en temperatura, como veremos más adelante.

- «Se obtiene un voltaje de 750 mV a 25 °C y el factor de escala de salida es 10 mV/°C». Estas especificaciones, que explicaremos más adelante, nos servirán para establecer la relación matemática entre el voltaje de salida y la temperatura.

No debemos confundir el voltaje de alimentación con el voltaje de salida. El voltaje de alimentación, indicado como $+V_S$ en la hoja de datos —la letra S indica *supply* o suministro—, es el voltaje de la fuente de alimentación a la que está conectado el sensor (en nuestro caso, los 3.3 V que suministra el microcontrolador). A su vez, el voltaje de salida o V_{OUT} es el voltaje variable que mide el sensor, que es proporcional a la temperatura.

9.4 Los pines de conexión

En la hoja de datos también se indica cuál es la configuración de los pines del sensor. Mirando de frente la parte plana del sensor, los terminales están numerados como 1, 2 y 3 de izquierda a derecha.

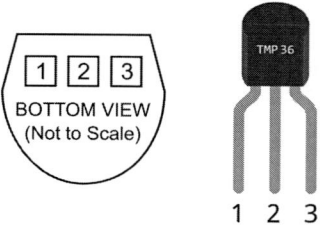

Figura 9.4 Izquierda: esquema proporcionado en la hoja de datos. Derecha: se muestra la numeración de los pines si el sensor se coloca mirando la parte plana.

Un poco más adelante en la hoja de datos se indica la función que cada uno de los pines tiene asignada, tal y como se recoge en la siguiente tabla:

Pin	1	2	3
Función	$+V_S$	V_{OUT}	GND

Tabla 9.1 Función de cada uno de los pines.

El pin 1 ($+V_s$) se conectará al voltaje de alimentación, el pin 2 (V_{OUT}) nos dará el voltaje de salida medido en el sensor y el pin 3 (*GND*) irá conectado a tierra.

9.5 Probar el sensor

Antes de seguir adelante proponemos un pequeño experimento para ver cómo funciona este sensor. Para llevarlo a cabo usaremos el siguiente material (en esta prueba no vamos a usar la placa):

- El sensor de temperatura TMP36
- Dos o tres pilas AA de 1.5 voltios en un portapilas, o una pila de petaca de 4.5 V
- Un polímetro
- Cables de cocodrilo

Para funcionar, el sensor necesita estar conectado a una fuente de alimentación (nada sorprendente en un dispositivo electrónico). Como vimos en la hoja de datos, la tensión de alimentación debe estar comprendida entre 2.7 V y 5.5 V; podemos usar, por tanto, dos o tres pilas AA de 1.5 voltios asociadas en serie o una pila de petaca de 4.5 V (o cualquier otra fuente de alimentación continua que proporcione un voltaje en el rango indicado). Usamos los cables de cocodrilo para conectar el pin 1 del sensor ($+V_s$) al polo positivo de la pila y el pin 3 (GND) al polo negativo.

Vamos ahora a medir el voltaje de salida del sensor. Seleccionamos en el polímetro la medida de voltaje en corriente continua. Conectamos la terminal positiva (roja) del polímetro al pin central del sensor, y la negativa (negra), al pin GND, como en el dibujo.

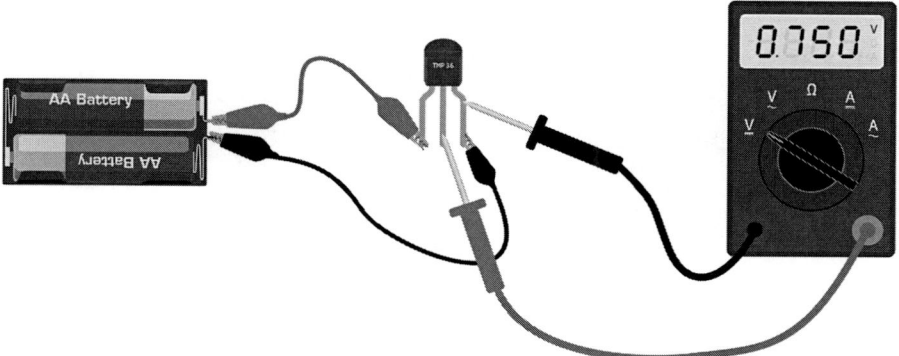

Figura 9.5 El polo positivo de la fuente de alimentación está conectado al pin +V_S del sensor y el negativo al GND. Con el polímetro se mide la diferencia de potencial (el voltaje) entre los pines V_{OUT} y GND.

Si las conexiones están bien hechas, a una temperatura de 25 °C se debería leer en el polímetro un valor de 750 mV. Tocando con los dedos el sensor, el voltaje debería acercarse a los 800 mV. Acercando algo frío, el voltaje debería disminuir a menos de 600 mV. De esta sencilla manera hemos comprobado cómo, efectivamente, el voltaje de salida del sensor depende de la temperatura.

9.6 Conversión analógico-digital

En este apartado analizaremos cómo funciona la conversión de señal analógica en digital. Vaya por delante que los conceptos pueden resultar un tanto áridos, pero es necesario que sepamos qué es lo que sucede para poder entender algunas de las instrucciones con las que trabajaremos más adelante.

BEATRIZ PADÍN / ADRIANA DAPENA

El conversor analógico-digital o ADC

Como hemos comentado anteriormente, el sensor TMP36 es un sensor analógico. Esto supone un gran problema, ya que los microcontroladores no pueden trabajar directamente con señales analógicas. Por tanto, para que puedan leer el voltaje hay que convertir la señal analógica en un formato legible por el microcontrolador; este proceso se conoce como conversión analógico-digital.

Para realizar la conversión de analógico a digital los microcontroladores disponen de un elemento de hardware llamado conversor analógico-digital o, por sus siglas en inglés, ADC (de *Analog to Digital Converter*).

Muestreo, cuantificación y codificación

El proceso de conversión de una señal analógica en digital tiene tres pasos: muestreo, cuantificación y codificación. El primer paso es el muestreo de la señal original. El muestreo consiste en tomar valores de la señal a intervalos regulares de tiempo; de esta manera, la señal continua es sustituida por un conjunto finito de valores. Es decir, el muestreo convierte la señal analógica continua en una señal que aún es analógica pero ahora es discreta.

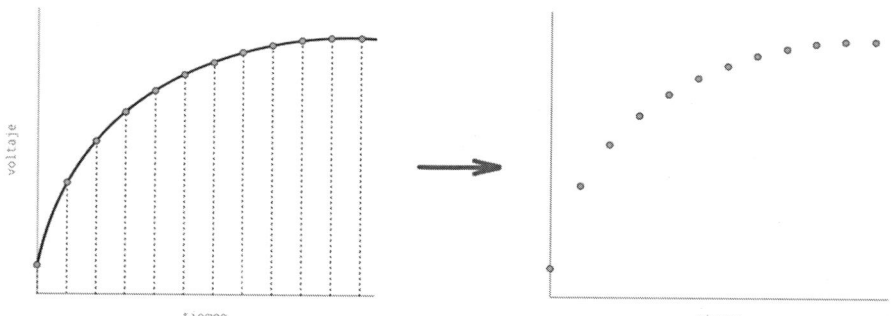

Figura 9.6 En la gráfica de la derecha se ha sustituido la señal analógica continua por los valores discretos que toma en los instantes señalados con la línea de puntos en la gráfica de la izquierda.

A continuación, se procede a la cuantificación de la señal. En este proceso cada uno de los valores obtenidos del muestreo se hace corresponder con el valor que más se le aproxima de entre los valores predeterminados por la configuración del ADC. De esta manera la señal, que hasta ahora podía tomar infinitos valores, se restringe a un conjunto finito de valores, cada uno de los cuales está codificado, es decir, tiene asociado un código digital (un conjunto de ceros y unos). Por tanto, ya tenemos la señal analógica original convertida en una señal digital.

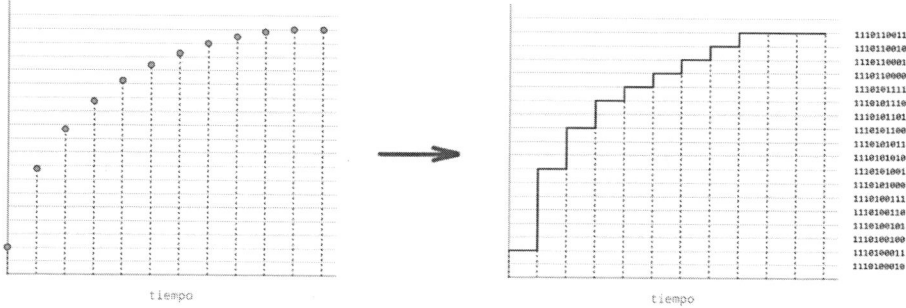

Figura 9.7 Cada valor obtenido del muestreo se hace corresponder con el valor más cercano dentro de los predefinidos en el ADC.

BEATRIZ PADÍN / ADRIANA DAPENA

En conclusión, mediante la conversión analógico-digital la señal original se ha transformado en una secuencia de ceros y unos (representación binaria) que, ahora sí, pueden ser manejados por el microcontrolador. Sin embargo, dado que este proceso transforma un rango continuo de valores en un conjunto discreto, la señal digitalizada no es exactamente igual que la original, lo cual implica un error en la aproximación. El error de cuantificación es inevitable, pero podemos estar tranquilos porque no será significativo cuando utilicemos la conversión ADC en nuestro microcontrolador.

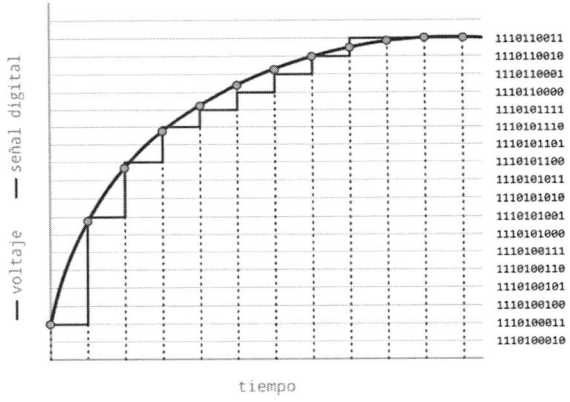

Figura 9.8 Señal analógica original y valores discretos en los que se ha transformado. Se aprecia el error introducido por la cuantificación, ya que la señal digitalizada no es exactamente igual que la original.

Resolución del ADC

Cuando hablamos del proceso de cuantificación de la señal dijimos que el ADC tenía una serie de niveles predeterminados, cada uno de ellos asociado a un código digital, que eran los únicos valores que podía tomar la señal. La pregunta que surge inmediatamente es: ¿cuáles son esos niveles? La respuesta la proporciona una característica fundamental del conversor analógico-digital: su resolución.

El número de niveles de cuantificación de un ADC, es decir, el número de valores diferentes que puede tomar la señal, queda determinado por su resolución en bits. Imaginemos que tenemos un conversor cuya resolución es de 12 bits. Eso quiere decir que la salida del ADC es un número de 12 bits, es decir, un número binario compuesto por 12 cifras de las cuales cada una puede ser cero o uno.

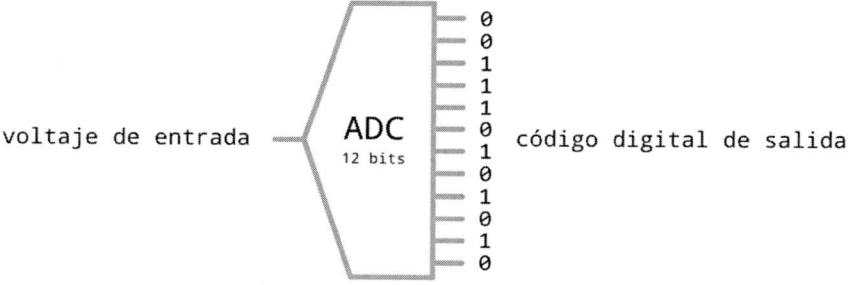

Figura 9.9 Un ADC de 12 bits proporciona a su salida un número binario de 12 bits.

Haciendo unas cuentas rápidas, un conversor de 12 bits da 2^{12} = 4096 combinaciones posibles de ceros y unos. Por tanto, hay 4096 niveles posibles, cada uno de los cuales está codificado, en binario, como un valor desde 0 (000000000000) hasta 4095 (111111111111). En general, un conversor de n bits da 2^n niveles de salida con valores entre 0 y $2^n - 1$.

Resolución del ADC	Valores de salida	Rango
10 bits	1024	0 - 1023
12 bits	4096	0 - 4095
16 bits	65536	0 - 65535

Tabla 9.2 Niveles de salida en función de la resolución del ADC.

 BEATRIZ PADÍN / ADRIANA DAPENA

Dado que el ADC es un elemento de hardware, su implementación varía entre los distintos microcontroladores. Para saber cuál es la resolución del conversor ADC de nuestra placa debemos consultar la documentación.

9.7 Los pines analógicos

Para escoger el pin del microcontrolador donde leeremos los datos medidos por el sensor, debemos tener en cuenta que estamos trabajando con un sensor analógico. Acabamos de ver que la lectura de las señales analógicas las lleva a cabo el conversor analógico-digital, pero no todos los pines de la placa están conectados a este elemento de hardware. A los pines de la placa que podemos usar como entrada de una señal analógica se les llama entradas analógicas, pines analógicos o pines ADC.

Los pines analógicos dependen de la placa. El ESP32 puede tener hasta veinte pines ADC, dependiendo del modelo, mientras que la Raspberry Pi Pico solo pone a nuestra disposición tres entradas analógicas. Además, algunos de los pines ADC tienen adjudicadas otras funciones, así que en ciertos casos pueden no estar disponibles.

Mostramos aquí una tabla con las posibles entradas analógicas de las diferentes placas (estos valores se deben confirmar en la documentación de la placa). Es muy importante tener en cuenta esta información porque, por ejemplo, el GPIO14 puede ser utilizado para Arduino y ESP32, pero no para la Raspberry Pi Pico.

Arduino	ESP32	Raspberry Pi Pico
A0: GPIO1 A1: GPIO2 A2: GPIO3 A3: GPIO4 A4: GPIO11 A5: GPIO12 A6: GPIO13 A7: GPIO14	La mayoría de los GPIO (depende del modelo).	A0: GPIO26 (pin 31) A1: GPIO27 (pin 32) A2: GPIO28 (pin 34)

Tabla 9.3 Entradas analógicas en las diferentes placas (consultar la documentación).

Las entradas analógicas nunca deben ser sometidas a un voltaje superior a los 3.3 V, ya que se pueden dañar los pines o incluso la placa.

9.8 El circuito

Ahora que ya tenemos identificados los pines analógicos en la placa, procedamos a montar el circuito.

Como leímos en la ficha técnica del sensor, para que funcione hay que conectarlo a una fuente de alimentación de entre 2.7 y 5.5 voltios, por lo que podemos usar el microcontrolador como si fuese una pila de 3.3 V. El pin de datos lo conectaremos a una entrada analógica.

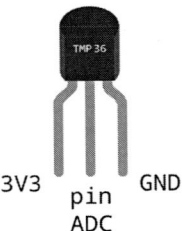

3V3   GND
pin
ADC

Figura 9.10 El pin de datos del sensor (el central) se conecta a una entrada analógica de la placa. Los de los extremos van a 3.3 V y a GND, respectivamente.

Por tanto, los tres pines del microcontrolador que usaremos para conectar el sensor son los siguientes:

- $+V_S$: voltaje de alimentación (pin 3.3V, 3V3 o 3V3 Out).
- GND: tierra (pin GND).
- V_{OUT}: cualquier pin analógico (ver apartado anterior).

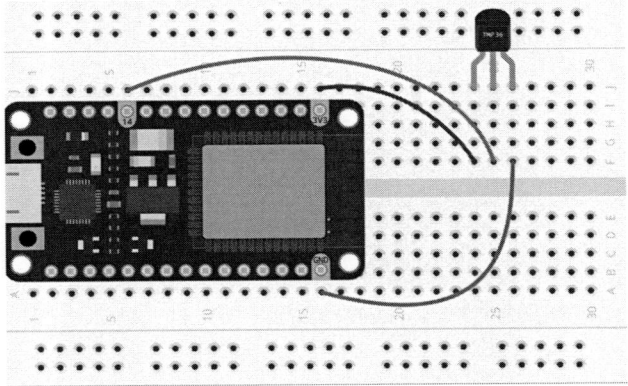

Figura 9.11 Montaje del circuito.

	Arduino	ESP32	Raspberry Pi Pico
Pin ADC	GPIO14 (pin A7)	GPIO14	GPIO28 (pin 34)

Tabla 9.4 Pines de conexión en distintas placas.

9.9 La clase `ADC` del módulo `machine`

La clase `ADC` del módulo `machine` nos proporciona el acceso al conversor analógico-digital de la placa; es, por tanto, lo que necesitamos para leer señales analógicas. Es importante tener en cuenta que, dado que el conversor ADC es un elemento de hardware, existen diferencias en su comportamiento en los distintos microcontroladores.

El constructor

La sintaxis del constructor es muy sencilla. Aunque acepta más argumentos, los vamos a pasar por alto, ya que no son necesarios en un capítulo de introducción como este.

`ADC(id)`
Crea un objeto `ADC` que representa la implementación en software del pin indicado en el argumento.
El argumento `id` es un objeto `Pin` que identifica el pin de la placa donde se leerá la señal analógica.

Tabla 9.5 Sintaxis básica del constructor.

Los métodos

Para leer la señal en un pin analógico usaremos uno de los métodos siguientes, dependiendo de la placa con la que estemos trabajando. Estos métodos se aplican a un objeto `ADC` previamente creado.

`read_uv()`	Lee la señal medida en el pin. Devuelve el voltaje, expresado en microvoltios. Es el método que usaremos si estamos trabajando con una placa ESP32 o Arduino (no está disponible en la Raspberry Pi Pico).

`read_u16()`	Lee la señal medida en el pin. Devuelve el valor bruto con una resolución de 16 bits, es decir, un entero entre 0 y 65535. Es el método que usaremos si estamos trabajando con la Raspberry Pi Pico.

Tabla 9.6 Métodos de la clase `ADC`.

9.10 Comprobación del pin

Es posible que a estas alturas nos estemos preguntando lo siguiente: ¿cómo sabemos si, efectivamente, el pin al que hemos conectado el sensor está asociado a un conversor analógico-digital? La respuesta es fácil: en el REPL, creamos un objeto `ADC` asociado a dicho pin, y si no recibimos ningún mensaje de error es que el pin es adecuado.

```
>>> from machine import Pin, ADC
>>> TMP36 = ADC(Pin(14))
```

Si todo va bien, con estas dos instrucciones se ha creado un objeto `ADC`, llamado `TMP36` (se puede usar cualquier otro nombre), asociado al GPIO14 de la placa —en la Raspberry Pi Pico es necesario cambiar este número, ya que los únicos que tienen funcionalidad ADC son los GPIO 26, 27 y 28—. Este objeto representa la implementación en software de la salida analógica asociada al sensor; dicho de otra manera, cuando necesitemos referirnos al sensor en el programa lo haremos a través de este objeto.

Por otro lado, si al crear el objeto anterior hemos utilizado un pin que no tiene la funcionalidad ADC, el constructor devuelve el mensaje de error `ValueError: invalid pin` o `ValueError: Pin doesn't`

```
have ADC capabilities.
```
Esta es otra manera de comprobar cuáles son los pines ADC de la placa.

9.11 Lectura del voltaje con `read_uv()`

Si estamos usando un microcontrolador basado en el ESP32, el método `read_uv()`, que actúa sobre un objeto `ADC`, devuelve el voltaje medido en el pin correspondiente, expresado en microvoltios. Esta función no está disponible para la Raspberry Pi Pico; en este caso, para leer el voltaje hay que seguir los pasos que se indican en el siguiente apartado.

Apliquemos este método al objeto previamente creado para obtener el voltaje de salida del sensor, en microvoltios. Como un microvoltio (1 µV) es la millonésima parte de un voltio, transformamos el voltaje en voltios dividiendo el valor anterior entre un millón.

```
>>> TMP36.read_uv()/1000000
0.758
```

El sensor ha devuelto un voltaje de 0.758 V. Cuando presentamos el sensor leímos en la hoja de datos que el voltaje a una temperatura de 25 °C era 750 mV o, lo que es lo mismo, 0.750 V. El valor obtenido, por tanto, parece razonable; enseguida veremos cómo transformar este voltaje en temperatura.

9.12 Lectura del voltaje con `read_u16()`

Si estamos usando la Raspberry Pi Pico no se puede obtener directamente el voltaje como hicimos en el apartado anterior, sino que hay que usar el método `read_u16()`. Aunque este método también se

BEATRIZ PADÍN / ADRIANA DAPENA

puede usar con el ESP32, el voltaje de referencia (más abajo se explica su significado) es algo problemático, por lo que es preferible usar el método indicado en el apartado anterior.

Cuando hablamos de la conversión analógico-digital vimos que el conversor ADC devuelve el valor digital correspondiente al valor analógico de entrada. A este número le vamos a llamar valor bruto o valor sin procesar (en inglés, *raw value*). La clase ADC pone a nuestra disposición el método read_u16() para leer este valor bruto. Este método devuelve un valor entre 0 y 65535 que se corresponde con la transcripción digital, con una resolución de 16 bits, del voltaje de salida del sensor.

Medida del valor bruto

Utilizando el método read_u16() sobre el objeto previamente creado podemos leer el valor bruto de salida del sensor.

```
>>> TMP36.read_u16()
15075
```

Pero, ¿qué significa una lectura de 15075? Lo que necesitamos obtener es el voltaje proporcionado por el sensor (igual que hicimos con el polímetro); por tanto, el siguiente paso es transformar el valor bruto en voltaje. Y, para ello, necesitamos hacer unas pocas cuentas.

Relación entre el valor bruto y el voltaje

Para proporcionar el valor bruto de salida, el conversor ADC utiliza un voltaje interno, llamado voltaje de referencia, con el que compara la señal de entrada. En la Raspberry Pi Pico este voltaje es 3.3 V.

Un voltaje de referencia de 3.3 V implica que el ADC transforma 3.3 V en el valor 65535. Dado que 0 V se corresponde con el valor 0, cuando `read_u16()` devuelve un valor intermedio entre 0 y 65535, el voltaje será la proporción correspondiente entre 0 V y 3.3 V. Matemáticamente, por tanto, es muy sencillo calcular el voltaje de salida que se corresponde con una lectura determinada. Si llamamos V_{ref} al voltaje de referencia y $D_{máx}$ al valor máximo devuelto por el ADC, la relación que hay entre la medida proporcionada por el ADC, D_{OUT}, y el voltaje correspondiente, V_{OUT}, es:

$$\frac{V_{OUT}}{V_{ref}} = \frac{D_{OUT}}{D_{máx}}$$

En nuestro caso V_{ref} es 3.3 V y $D_{máx}$ es 65535; por tanto, la proporción anterior equivale a:

$$\frac{V_{OUT}}{3.3} = \frac{D_{OUT}}{65535}$$

Si, finalmente, despejamos el voltaje obtenemos:

$$V_{OUT} = D_{OUT} \cdot \frac{3.3}{65535}$$

Esta expresión proporciona el voltaje V_{OUT}, en voltios, que equivale al valor bruto medido D_{OUT}.

Medida del voltaje

Ya estamos en condiciones de obtener el voltaje medido por el sensor.

```
>>> lectura = TMP36.read_u16()
>>> voltaje = lectura*3.3/65535
```

```
>>> print(voltaje)
```

```
0.7590982
```

Es decir, el voltaje es 0.759 V. De esta manera podemos transformar en voltaje la lectura en bruto de cualquier señal analógica usando la Raspberry Pi Pico.

9.13 Voltaje vs. temperatura

Ya sabemos cómo leer el voltaje de salida del sensor TMP36; el último paso es convertir este voltaje en una temperatura. Para conseguirlo, debemos recurrir de nuevo a la hoja de datos del sensor.

En la ficha técnica se indican las siguientes características del sensor: el voltaje de salida es proporcional a la temperatura en grados centígrados, el voltaje a 25 °C es de 750 mV y el factor de escala de salida es 10 mV/°C. Estos datos, además, se incluyen en forma de gráfica: es la llamada curva característica del sensor. Veamos qué quiere decir esta información y cómo la podemos utilizar.

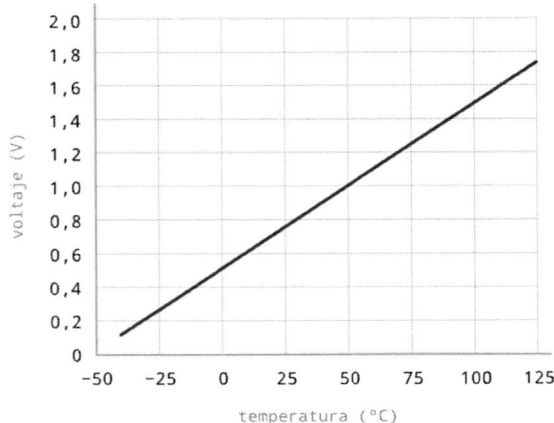

Figura 9.12 Curva característica del sensor TMP36, extraída de la hoja de datos.

La curva característica de un sensor es la gráfica que indica cómo varía la señal de salida (la medida que proporciona el sensor, habitualmente un voltaje) en función de la señal de entrada (la magnitud que queremos medir; en nuestro caso, la temperatura). En la curva característica la señal de entrada se representa en el eje horizontal y la señal de salida en el eje vertical.

Dado que la relación entre el voltaje y la temperatura es lineal, la curva característica del sensor es una recta y, como tal, queda determinada por dos atributos: el factor de escala y el *offset*.

El factor de escala es una medida de lo inclinada que está la recta: indica cuánto "se sube" en el eje vertical por cada unidad que "se avanza" en el eje horizontal. De acuerdo con la hoja de datos, el factor de escala es 10 mV/°C y, por tanto, el voltaje aumenta 10 mV por cada grado centígrado que aumenta la temperatura (o 100 mV por cada diez grados, etc.).

El *offset* (o, más apropiadamente, *zero offset*) indica el punto en que la recta corta al eje vertical. Es, por tanto, el valor del voltaje para una temperatura de 0 °C. Según la hoja de datos, 750 mV corresponden a una temperatura de 25 °C; por tanto, 0 °C, que son 25 grados menos, serán —a razón de 10 mV por cada grado— 250 mV menos. Es decir, el *offset* es 500 mV.

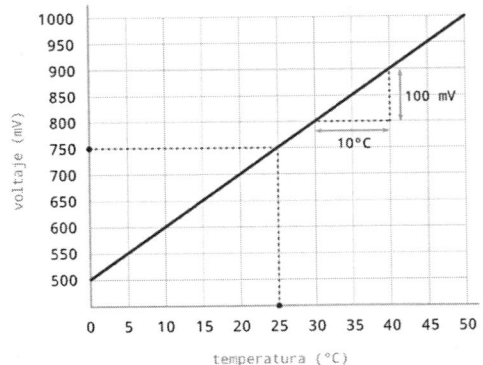

Figura 9.13 Representación de la curva característica entre 0 y 50 grados centígrados.

En resumen, la curva característica nos da el voltaje proporcionado por el sensor en función de la temperatura. Lo que deseamos obtener, sin embargo, es la relación inversa a la mostrada: queremos saber cuánto vale la temperatura para un voltaje suministrado por el sensor. Veremos cómo conseguirlo en el siguiente apartado.

9.14 Cómo calcular la temperatura

En el apartado anterior hemos analizado la curva característica del sensor, que proporciona la relación lineal que existe entre el voltaje y la temperatura. Pues bien, a la vista de la gráfica es muy sencillo deducir la expresión para hallar la temperatura T (en grados centígrados) que corresponde a cada voltaje medido V (en voltios):

$$T = (V - 0,5) * 100$$

La deducción de esta expresión no es complicada; basta, por ejemplo, con analizar varios pares de valores temperatura-voltaje para inferirla (cuidado con las unidades, porque en la gráfica el voltaje está en milivoltios, pero en la relación anterior lo hemos puesto en voltios). Sin embargo, dedicaremos unas líneas a continuación a explicar la manera matemática de hallar la relación entre voltaje y temperatura. Aunque esta demostración no es necesaria para el desarrollo del capítulo, es interesante saber cómo resolver el problema de una manera sistemática.

Temperatura en función del voltaje

La hoja de datos del sensor nos dice que la relación entre el voltaje y la temperatura es lineal. Afortunadamente, obtener la expresión matemática de una recta es muy sencillo (si la relación entre las variables no fuese lineal el asunto sería más complicado); solo necesitamos conocer dos parámetros: la pendiente y la ordenada en el origen. Vamos a obtener estos valores a partir de los datos suministrados en la hoja de datos del sensor para poder escribir la relación matemática entre el voltaje y la temperatura.

Pendiente

La pendiente de la recta es, simplemente, el factor de escala del sensor; en consecuencia, la pendiente es 10 mV/°C o, en voltios, 0.01 V/°C.

Ordenada en el origen

La ordenada en el origen indica el punto en que la recta corta al eje vertical, es decir, es el valor que hemos llamado *zero offset*. Este valor lo calculamos anteriormente y vale 500 mV o 0.5 V.

Ecuación de la recta

Si llamamos *m* a la pendiente (el factor de escala) y *n* a la ordenada en el origen (el *offset*), la recta se puede expresar como *y* = *mx* + *n*. Dado que la variable *x* es la temperatura en grados centígrados, la variable *y* es el voltaje en voltios, la pendiente es *m* = 0.01 V/°C y la ordenada en el origen es *n* = 0.5 V, la relación entre voltaje y temperatura es:

$$V = 0,01{\cdot}T + 0.5$$

Esta relación es la ecuación de la curva característica del sensor.

Temperatura en función del voltaje

Como lo que lo que buscamos es el valor de la temperatura, despejando *T* en la expresión anterior se obtiene la temperatura (en grados centígrados) en función del voltaje *V* (en voltios):

$$T = (V - 0.5) * 100$$

9.15 Por fin, la temperatura

Ha llegado finalmente el momento de hallar la temperatura medida por el sensor. Lo único que hay que hacer es añadir la relación recién obtenida entre la temperatura y el voltaje a lo visto anteriormente. Proponemos al lector que junte en un programa todas las instrucciones que hemos trabajado en secciones anteriores para que se muestre la temperatura actualizada cada segundo.

Como solución, una posible manera de hacerlo es la que mostramos a continuación:

```
# ESP32, Arduino
from machine import Pin, ADC
```

```
from time import sleep
TMP36 = ADC(Pin(14))
while True:
    voltaje = TMP36.read_uv()/1000000
    temperatura = (voltaje - 0.5)*100
    print(round(temperatura, 1))
    sleep(1)
```

El programa anterior es válido para la ESP32 y Arduino. Para la Raspberry Pi Pico se debe cambiar el número del GPIO y sustituir la instrucción de la medida del voltaje por la siguiente:

```
# Raspberry Pi Pico
voltaje = TMP36.read_u16()*3.3/65535
```

La salida del programa es, por fin, la temperatura en grados centígrados, que se actualiza cada segundo.

```
25.6
25.2
25.7
25.3
25.8
25.2
25.7
```

BEATRIZ PADÍN / ADRIANA DAPENA

9.16 Suavizado de las medidas

Como se puede observar, los valores de la temperatura oscilan bastante. Esto es debido a que el conversor ADC es muy sensible a las interferencias, lo que da lugar a estas discrepancias. Para minimizar el ruido en la medida se puede añadir un condensador al circuito, aunque también se puede aplicar un método muy simple de suavizado de la medida: calcular la media.

Para proceder al cálculo de la media hemos creado una función, llamada `voltaje_medio()`, que se encarga de hacer veinte medidas del voltaje y calcula su media.

```python
# ESP32, Arduino
from machine import Pin, ADC
from time import sleep_ms
TMP36 = ADC(Pin(14))
def voltaje_medio():
    i = 1
    suma = 0
    num = 20
    while i <= num:
        voltaje = TMP36.read_uv()/1000000
        suma += voltaje
        i += 1
    media = suma/num
    return media
while True:
```

```
temperatura = (voltaje_medio() - 0.5)*100
print(round(temperatura, 1))
sleep_ms(500)
```

Si en lugar de la ESP32 estamos utilizando la Raspberry Pi Pico, debemos cambiar el número del GPIO y sustituir la instrucción de lectura del voltaje por la siguiente:

```
# Raspberry Pi Pico
voltaje = TMP36.read_u16()*3.3/65535
```

Ahora las medidas son mucho más estables.

```
25.4
25.4
25.5
25.4
25.4
25.5
25.4
```

Existen otros métodos más sofisticados y efectivos para suavizar las medidas, pero por ahora este es suficiente.

9.17 Todo junto

A modo de resumen incluimos un esquema en el que se indican los pasos a seguir cuando se usa un sensor analógico. Si estamos usando la placa ESP32 o Arduino los pasos son los indicados en la secuencia 1-2-3-4; si usamos una Raspberry Pi Pico, los pasos son 1-2-3a-3b-4.

Esta estructura será la misma para cualquier sensor analógico que usemos.

ESP32, Arduino	Raspberry Pi Pico
(1) El sensor transforma la temperatura en un voltaje.	
(2) El conversor analógico-digital del microcontrolador traduce el valor analógico del voltaje en un código binario.	
(3) El valor digital proporcionado por el ADC se puede leer directamente como un voltaje usando el método `read_uv()`.	(3a) El método `read_u16()` nos da el valor bruto medido por el sensor y (3b) esta lectura se convierte en voltaje usando el voltaje de referencia (3.3 V) y la resolución de la medida (16 bits).
(4) El voltaje se transforma en temperatura usando la relación lineal que se extrae de la hoja de datos.	

Tabla 9.7 Pasos a seguir cuando se usa un sensor analógico.

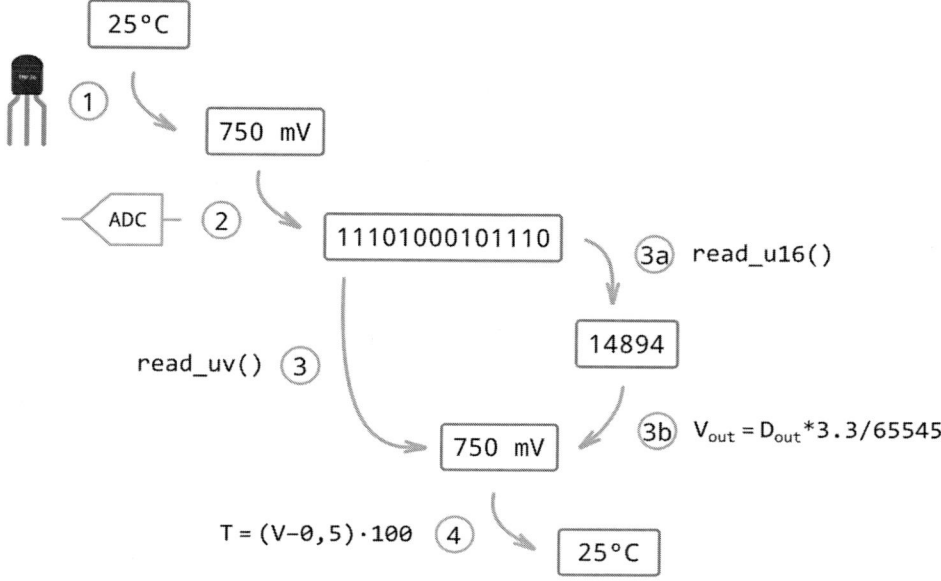

Figura 9.14 Medida de la temperatura con el sensor TMP36.

9.18 *Bonus track*: un sensor no lineal

A lo largo de este capítulo hemos usado el sensor TMP36 para ilustrar cómo se leen las señales analógicas con un microcontrolador. Los conocimientos que hemos adquirido se pueden aplicar a cualquier otro sensor analógico, lo único que cambia es la manera de traducir el voltaje a la magnitud de interés. Pues bien, existe otro tipo de sensor analógico de temperatura, ampliamente utilizado en aplicaciones reales, que proporciona medidas de gran precisión a un precio muy bajo: el termistor. El motivo por el que no nos hemos decantado por él desde el principio es que, mientras en el TMP36 la relación entre el voltaje y la temperatura es muy sencilla de obtener, en el termistor esta relación presenta una complicación matemática extra que hemos preferido evitar. Llegados a este punto, sin embargo, queremos cerrar el capítulo mostrando cómo proceder en caso de que la relación entre el voltaje y la magnitud que queremos medir no sea lineal.

El termistor

Un termistor es simplemente una resistencia cuyo valor cambia con la temperatura. Usaremos un termistor NTC (del inglés *negative temperature coefficient*). En estos dispositivos, al aumentar la temperatura, la resistencia disminuye. En concreto trabajaremos con el módulo KY-013, que es un sensor analógico de temperatura que consta de un termistor NTC y trae una resistencia externa integrada.

La primera complicación con que nos encontramos es que en los termistores la relación entre la resistencia y la temperatura no es lineal.

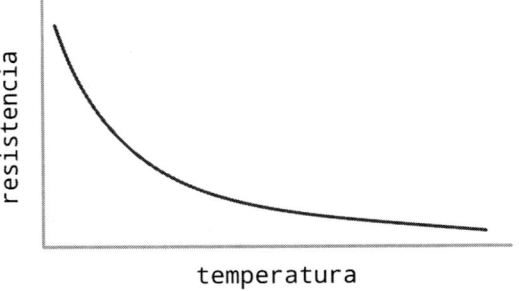

Figura 9.15 Relación entre la resistencia y la temperatura en un termistor de coeficiente negativo (NTC). Al aumentar la temperatura, la resistencia disminuye. Además, la relación entre estas dos magnitudes no es lineal.

Por otro lado, para hallar la temperatura es necesario medir la resistencia del termistor. El problema es que los microcontroladores no pueden medir resistencias, solo voltajes. Por tanto, para medir la resistencia necesitamos un divisor de tensión.

El divisor de tensión

Un divisor de tensión, o divisor de voltaje, consiste simplemente en dos resistencias asociadas en serie. Una de estas resistencias es fija y conocida; la otra es la que queremos medir. Para facilitarnos el trabajo, el módulo KY-013 trae una resistencia externa integrada que forma el divisor de tensión que necesitamos (para entender el funcionamiento de un divisor de voltaje se pueden consultar numerosas referencias online).

El circuito

El módulo tiene tres pines:

- El pin de señal, S, se conecta a un pin del microcontrolador que tenga funcionalidad ADC (por ejemplo, el GPIO14 en el ESP32 o el Arduino Nano ESP32, o el GPIO28 en la Raspberry Pi Pico).

- El pin central se conecta a la fuente positiva de alimentación (el pin 3.3V o 3V3; en la Raspberry Pi Pico es el pin 3V3 Out).

- El pin marcado con un signo menos se conecta a tierra (GND).

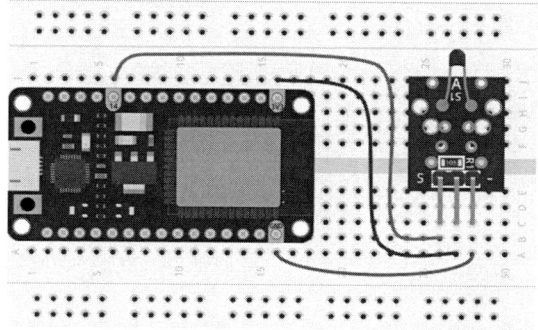

Figura 9.16 Montaje del circuito.

BEATRIZ PADÍN / ADRIANA DAPENA

Medida de la temperatura

Los pasos que hay que seguir para medir la temperatura con el termistor son los siguientes: 1) Se mide la señal ADC en el pin S del módulo. 2) A partir de la lectura del ADC se calcula la resistencia del termistor. 3) La resistencia se transforma en temperatura.

1. Lectura de la señal

Para leer el valor medido por el ADC usaremos la función `read_u16()`, que devuelve el valor de la señal con una resolución de 16 bits. Como vimos anteriormente, este valor es proporcional al voltaje. La relación entre el voltaje y la lectura del ADC viene dada por la siguiente expresión:

$$\frac{V_{OUT}}{V_{CC}} = \frac{lectura}{65535}$$

donde *lectura* es el valor bruto devuelto por `read_u16()`, V_{OUT} es el voltaje medido y V_{CC} es el voltaje de alimentación del sensor.

2. Cálculo de la resistencia

Teniendo en cuenta el funcionamiento de un divisor de tensión, la resistencia se puede calcular a partir del voltaje medido, V_{OUT}, usando la siguiente expresión:

$$R = \frac{V_{OUT} \cdot R_s}{V_{CC} - V_{OUT}} = \frac{R_s}{\frac{V_{CC}}{V_{OUT}} - 1}$$

donde R es la resistencia del termistor (es la resistencia que queremos medir para obtener la temperatura) y R_s es la resistencia en serie del divisor de tensión, que en el módulo KY-013 tiene un valor de 10 kΩ.

Dada la relación lineal entre el valor bruto y el voltaje, la expresión anterior es equivalente a:

$$R = \frac{R_s}{\frac{65535}{lectura} - 1}$$

Es decir, podemos calcular la resistencia del termistor a partir del valor bruto medido por el ADC.

3. Cálculo de la temperatura

Dado que el comportamiento del termistor no es lineal, la relación entre la resistencia y la temperatura es compleja. Se puede utilizar una aproximación a la llamada ecuación de Steinhart-Hart, que establece que, para una resistencia R, la temperatura T (en kelvins) se puede calcular a partir de:

$$\frac{1}{T} = \frac{1}{T_0} + \frac{1}{B} \cdot ln\left(\frac{R}{R_0}\right)$$

donde R_0 y T_0 indican la resistencia del termistor a temperatura ambiente y B es el valor beta del termistor. En el módulo KY-013 R_0 es 10 kΩ cuando T_0 es 25 °C (o, lo que es lo mismo, 295.15 K) y B es 3950 K.

De la expresión anterior se obtiene la temperatura en kelvins. Para calcularla en grados centígrados hay que restarle 273.15 K a ese valor.

El programa

Para finalizar, el siguiente programa recoge los pasos anteriores y devuelve la temperatura medida por el termistor actualizada cada segundo (se debe cambiar el número del pin si el sensor no está conectado al GPIO14).

```python
from machine import Pin, ADC
from time import sleep
from math import log
# Termistor conectado al GPIO14
SENSOR = ADC(Pin(14))
# Características del termistor
T0 = 298.15
R0 = 10000
B = 3950
# Resistencia del divisor de voltaje
Rs = 10000
while True:
    # Lectura del ADC (valor bruto)
    lectura = SENSOR.read_u16()
    # Resistencia
    R = Rs/(65535/lectura - 1)
    # Temperatura (en kelvins)
    T = 1/(1/T0 + 1/B*log(R/R0))
    # Temperatura (en grados centígrados)
    T = T - 273.15
    print(round(T,1))
    sleep(1)
```

En resumen

En el presente capítulo hemos aprendido a leer señales analógicas usando un sensor. Tras analizar qué son los sensores y en qué se basa su funcionamiento, hemos examinado la hoja de datos del sensor de temperatura TMP36 para conocer sus características y conexiones. Hemos mostrado cómo funciona la conversión analógico-digital y hemos utilizado la clase `ADC` del módulo `machine` para leer la señal devuelta por el sensor, y la hemos convertido en temperatura. Aunque hemos basado el capítulo en un sensor de temperatura —la medida de esta magnitud es esencial para detectar el cambio climático y adaptar nuestras acciones para mitigar sus efectos—, los conocimientos adquiridos son aplicables a cualquier sensor analógico.

CAPÍTULO 10
Data logger

Una aplicación muy extendida de los microcontroladores es la toma de datos mediante sensores. En el capítulo anterior, por ejemplo, programamos un sensor de temperatura. Los datos medidos los leímos en el REPL, que no está mal para empezar, pero tiene sus limitaciones. Uno de los inconvenientes de esta forma de trabajar es que necesitamos el ordenador para ver los datos. Este problema tiene fácil solución: conectemos una pequeña pantalla al microcontrolador y ya nos lo podemos llevar a donde queramos. Pero esta solución no resuelve otro problema. Imaginemos que deseamos monitorizar la temperatura de un parque infantil en verano para estudiar posibles medidas de protección ante el calor. No sería nada práctico tener que estar leyendo la temperatura en la pantalla. Ese es precisamente el problema que queremos solucionar en este capítulo.

Una posible solución (aunque no es la única) consiste en guardar los datos en el dispositivo a medida que se van obteniendo. La manera "tradicional" de hacerlo pasa por añadir un componente externo, como un lector de tarjetas SD. Las placas con las que estamos trabajando, sin embargo, nos proporcionan una manera de almacenar información de manera persistente sin necesidad de añadirles nada.

Para aprovecharnos de esta funcionalidad, en este capítulo aprenderemos a utilizar la memoria *flash* del microcontrolador, donde generaremos un archivo con los datos medidos por el sensor que podrá ser posteriormente descargado para su análisis.

En cuanto al material, no se introduce ningún elemento de hardware nuevo; simplemente retomaremos el montaje del sensor de temperatura TMP36 del capítulo anterior.

10.1 Proyecto "Data logger"

«Un registrador de datos o *data logger* es un dispositivo electrónico que registra datos por medio de instrumentos y sensores propios o conectados externamente. Casi todos están basados en microcontroladores. Por lo general son pequeños, con pilas, portátiles y vienen equipados con un microprocesador, memoria interna para almacenamiento de datos y sensores». (Fuente: Wikipedia).

El Sistema Mundial de Observación del Clima —o *Global Climate Observing System*, GCOS— se creó en 1992 para evaluar periódicamente el estado de las observaciones climáticas mundiales y elaborar directrices para su mejora. Aunque el trabajo del GCOS se apoya en observaciones y procedimientos muy sofisticados para evaluar el estado climático de la atmósfera, la tierra y el océano, el proyecto que proponemos en este capítulo es un punto de partida para adentrarnos en el estudio científico de las variables esenciales relacionadas con el cambio climático: construiremos un *data logger* con el que monitorizaremos la evolución de la temperatura a lo largo del tiempo. Los datos medidos por el sensor los guardaremos en un archivo para, posteriormente, analizarlos y poder sacar conclusiones.

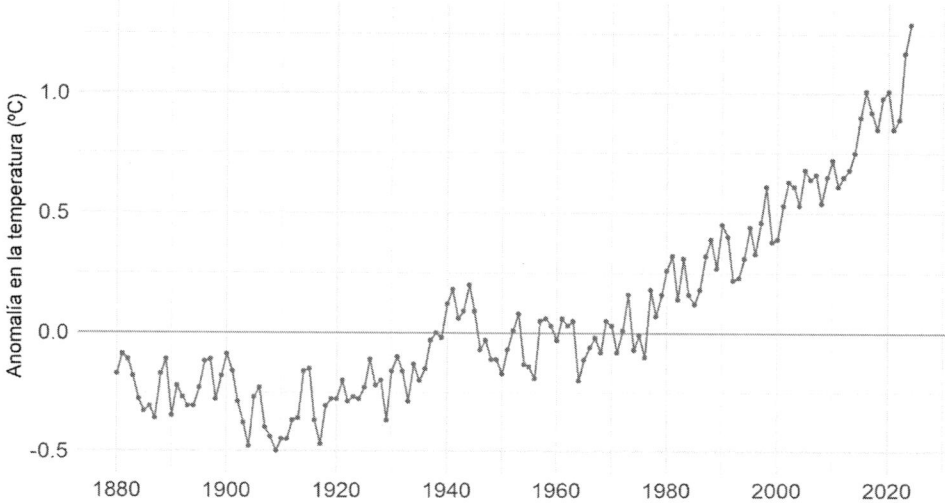

Figura 10.1 En 2024 la temperatura global en la superficie de la Tierra fue 1.47 °C superior que en el promedio preindustrial de finales del siglo XIX (1850-1900). Datos: Goddard Institute for Space Studies (GISS), NASA.

10.2 El módulo os

Cuando presentamos los microcontroladores hablamos del sistema de archivos de la placa —el *filesystem*—, que está alojado dentro de la memoria *flash* del dispositivo. Dado que en este capítulo vamos a utilizar esa memoria para guardar un archivo con los valores medidos por un sensor, necesitamos acceder al sistema de archivos de la placa desde el propio programa, y no desde el entorno de programación, como hemos hecho hasta ahora. Es el momento de presentar otro de los módulos integrados de MicroPython: el módulo os.

El módulo os proporciona servicios básicos relacionados con el sistema operativo. Entre otras, contiene funciones que permiten el acceso al sistema de archivos de la placa, que es justo lo que necesitamos. En la siguiente tabla recogemos algunas funciones de este módulo, que nos permitirán manejar los archivos —o ficheros— y las carpetas —o directorios— desde el código.

`listdir()`	Devuelve una lista con el contenido — archivos y carpetas — del directorio actual (por defecto este directorio es el directorio raíz del *filesystem*).
`listdir(carpeta)`	Devuelve una lista con el contenido — archivos y carpetas— de una carpeta.
`mkdir(carpeta)`	Crea una carpeta.
`rmdir(carpeta)`	Borra una carpeta vacía.
`remove(archivo)`	Borra un archivo.
`rename(antiguo, nuevo)`	Cambia el nombre de un archivo o carpeta, de `antiguo` a `nuevo`.

Tabla 10.1 Algunas funciones del módulo `os`.

Los nombres de los archivos y las carpetas, así como las rutas, son cadenas de caracteres; por tanto, los argumentos de las funciones anteriores deben ir entrecomillados.

10.3 El contenido del *filesystem*

El entorno de programación nos muestra de manera esquemática qué archivos hay en el *filesystem* de la placa y cómo están organizados. Imaginemos que el contenido es el que se muestra en la imagen.

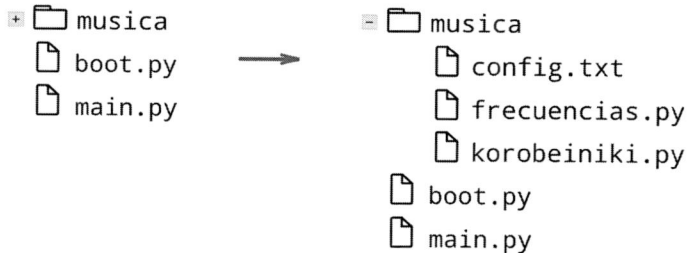

Figura 10.2 Ejemplo de contenido de un sistema de archivos.

La carpeta `musica`, así como los archivos `boot.py` y `main.py`, están en el directorio raíz. A su vez el archivo `frecuencias.py` está en la carpeta `musica`, por tanto, la ruta para acceder a él será `"musica/frecuencias.py"`, y así sucesivamente.

Las carpetas, subcarpetas y archivos del *filesystem* se organizan jerárquicamente. La ruta de un archivo o directorio indica dónde está ubicado en el sistema de archivos. En la ruta, los nombres de los directorios, subdirectorios y archivos se separan utilizando la barra inclinada derecha (la que desciende de derecha a izquierda, como el signo de división), /.

Utilicemos el módulo `os` para analizar el *filesystem* de la imagen. El primer paso es la importación del módulo. Dado que usaremos varias funciones, importamos el módulo completo, por lo que cada vez que usemos una función debemos anteponer el nombre del módulo.

```
>>> import os
```

El directorio raíz

Para ver cuál es el contenido del directorio raíz usamos `listdir()`.

```
>>> os.listdir()
['boot.py', 'musica', 'main.py']
```

La función `listdir()` devuelve una lista con los tres elementos que hay en el nivel más alto del *filesystem*.

Dentro de una carpeta

Para ver el contenido de una carpeta usamos la misma función, pero esta vez poniendo como argumento el nombre de la carpeta. Si la carpeta está en el directorio raíz no es necesario poner la ruta, pero si estuviese dentro de otra carpeta habría que indicarlo.

Veamos qué hay en la carpeta `musica`.

```
>>> os.listdir("musica")

['korobeiniki.py', 'frecuencias.py', 'config.txt']
```

Esta lista contiene los elementos (archivos o carpetas) que hay en la ubicación indicada. Dado que la función `len` de Python devuelve el número de elementos de una lista, podemos usarla para contar cuántos archivos hay dentro de esta carpeta. Aunque en este caso es fácil contarlos "a mano", para otras aplicaciones puede resultar necesario hacerlo así.

```
>>> len(os.listdir("musica"))

3
```

Con `listdir()` también podemos comprobar si un elemento está o no en una determinada carpeta.

```
>>> "frecuencias.py" in os.listdir("musica")

True

>>> "notas.py" in os.listdir("musica")

False
```

El valor lógico devuelto por el operador `in` nos dice si el archivo existe —`True`— o no —`False`— en la carpeta indicada.

10.4 Trabajar con archivos

Una vez que sabemos manejarnos en el sistema de archivos de la placa, ha llegado el momento de aprender cómo crear archivos de texto y cómo escribir información en ellos. Para llevar a cabo esta tarea hay que seguir los pasos que se resumen a continuación:

- En primer lugar, se abre el archivo.

- Una vez abierto, se escribe el contenido.

- Para finalizar, se cierra el archivo.

Abrir el archivo

Cada vez que vayamos a escribir en un archivo debemos abrirlo primero. De esto se encarga la función `open()`. Esta función está definida en el propio lenguaje, por lo que no hay que importar ningún módulo para utilizarla.

`open(archivo, modo)`

Devuelve un objeto tipo archivo que se usará para trabajar con el archivo. Argumentos:

- `archivo`: indica el nombre del archivo. Si el archivo no existe, se crea en el momento de abrirlo. Si el archivo no está en el directorio raíz, se debe indicar la ruta a su ubicación.
- `modo`: indica si el archivo se abre en modo lectura o escritura. Puede tomar, entre otros, los siguientes valores:
  - `r`: el archivo se abre en modo lectura (*read*). Es el modo por defecto.

BEATRIZ PADÍN / ADRIANA DAPENA

- ◦ `w`: el archivo se abre en modo escritura (*write*). Si el archivo existe, al abrirlo se borra su contenido.
- ◦ `a`: el archivo se abre en modo escritura (*append*). Si el archivo existe, el nuevo contenido se añade al final del archivo.

Ambos argumentos son cadenas de caracteres, por lo que deben escribirse entre comillas.

Tabla 10.2 La función `open()`.

Escribir en el archivo

Después de abrir el archivo en modo `w` o `a` podemos escribir en él. La diferencia entre hacerlo de una manera u otra es importante cuando se abre un archivo ya existente: con `w` (*write*) el contenido que había en el archivo se sobreescribe y, por tanto, desaparece, mientras que con `a` (*append*) lo que se escriba se añade a lo que ya había.

Para escribir en un archivo se utiliza `write()`. Esta función actúa sobre un objeto tipo archivo, que es el objeto devuelto por `open()`.

`write(texto)`
Escribe un texto en un archivo. Devuelve el número de bytes escritos. Tiene un único argumento: • `texto`: es la cadena de caracteres que se quiere escribir en el archivo.

Tabla 10.3 La función `write()`.

Cerrar el archivo

Cuando se ha terminado de utilizar el archivo hay que cerrarlo usando la función `close()`. Al hacerlo se finalizan las acciones que pudieran estar pendientes y se liberan recursos.

Leer el contenido del archivo

Para leer el contenido de un archivo en MicroPython mostraremos simplemente el método `read()` que, aplicado a un objeto tipo archivo, muestra el contenido del archivo.

`read()`
Muestra el contenido de un archivo. Si no se indica el argumento lee todo el contenido del archivo.

Tabla 10.4 La función `read()`.

10.5 El primer archivo

Probemos en el REPL las instrucciones anteriores. Vamos a crear un archivo llamado `prueba.txt` en el que escribiremos una frase muy poco original: "Archivo de prueba".

En primer lugar, abrimos el archivo con `open()`. Dado que aún no existe, antes de abrirlo se va a crear. El primer argumento de `open()` es el nombre del archivo, que se creará en el directorio raíz si no indicamos ninguna carpeta donde guardarlo. El segundo argumento es el modo en que lo abrimos; pondremos `w` porque vamos a escribir en él (cuidado, porque si el archivo ya existía este modo sobreescribirá el contenido).

```
>>> archivo = open("prueba.txt", "w")
```

Al ejecutar esta instrucción se ha creado en el *filesystem* el archivo `prueba.txt` (si no se ve en el editor hay que refrescar el listado de archivos). La función `open()` devuelve un objeto tipo archivo, que será el que utilizaremos como abstracción del archivo. Por tanto, para poder trabajar con él lo hemos guardado en una variable que hemos llamado `archivo`.

Para escribir en el archivo aplicamos el método `write()` al objeto tipo archivo que acabamos de crear. Como argumento ponemos la cadena de caracteres que deseamos escribir (entre comillas).

```
>>> archivo.write("Archivo de prueba")
17
```

El número devuelto por esta instrucción indica cuántos bytes se han escrito en el archivo.

Finalmente, hacemos que el método `close()` actúe sobre archivo para cerrarlo; de esta manera se finalizan las operaciones necesarias para que el archivo quede correctamente procesado.

```
>>> archivo.close()
```

Lectura del archivo

Para comprobar que tenemos lo deseado podemos leer el archivo que acabamos de crear. Cada vez que se quiere acceder a un archivo hay que volverlo a abrir, pero esta vez lo haremos en modo lectura (`"r"`).

```
>>> archivo = open("prueba.txt", "r")
>>> archivo.read()
'Archivo de prueba'
```

¡Perfecto!

Más líneas

¿Y si queremos añadir más líneas al archivo? Hay varios detalles que debemos tener en cuenta. El primero es muy obvio: ahora debemos abrir el archivo en modo *append* ("a"). El segundo está relacionado con el hecho de que `write()` no añade de manera automática los saltos de línea y, en consecuencia, hay que ponerlos a mano (en Python, la secuencia de escape correspondiente al salto de línea es "\n"). Por otro lado, hay que tener cuidado con los caracteres especiales (acentos, eñes, etc.), ya que no son soportados en la codificación que, por motivos de espacio, usa MicroPython.

Dicho esto, escribamos alguna línea más en el archivo.

```
>>> archivo = open("prueba.txt", "a")
>>> archivo.write("\nPrueba 1")
>>> archivo.write("\nPrueba 2")
>>> archivo.write("\nPrueba 3")
>>> archivo.close()
```

Una vez que hemos terminado de escribir y hemos cerrado el archivo, lo volvemos a abrir para leerlo.

```
>>> archivo = open("prueba.txt", "r")
>>> archivo.read()
'Archivo de prueba\nPrueba 1\nPrueba 2\nPrueba 3'
>>> archivo.close()
```

Vemos que lo escrito se ha añadido a lo que ya había en el archivo. Si abrimos el archivo en el editor lo veremos como un documento de texto "normal" con cuatro líneas.

BEATRIZ PADÍN / ADRIANA DAPENA

10.6 El bloque `with`

En Python existe una manera alternativa de trabajar con archivos: usando el bloque `with`. Vamos a añadir más líneas al archivo, pero, esta vez, usando una sintaxis diferente.

```
>>> with open("prueba.txt", "a") as archivo:
...         archivo.write("\nPrueba 4")
...         archivo.write("\nPrueba 5")
...         archivo.write("\nPrueba 6")
```

Comparemos estas instrucciones con las que usamos anteriormente. Donde antes hicimos `archivo = open("prueba.txt", "a")` ahora hemos escrito `with open("prueba.txt", "a") as archivo`. El significado de ambos comandos es el mismo, solo cambia la sintaxis.

Después de los dos puntos con que termina la orden anterior hemos añadido, dentro de un bloque, las instrucciones para escribir más líneas en el archivo. Las instrucciones son las mismas que antes, pero ahora van indentadas (es la manera que tiene Python de delimitar un bloque).

Y eso es todo. Puede parecer que nos hemos olvidado de cerrar el archivo, pero usando el bloque `with` no es necesario hacerlo explícitamente, ya que se cierra automáticamente una vez se han ejecutado todas las instrucciones del bloque.

Vamos a leer el archivo resultante usando el bloque `with`.

```
>>> with open("prueba.txt", "r") as archivo:
...         archivo.read()
'Archivo   de   prueba\nPrueba   1\nPrueba   2\nPrueba
3\nPrueba 4\nPrueba 5\nPrueba 6'
```

Las dos maneras mostradas de trabajar con archivos son totalmente equivalentes.

10.7 Medir la temperatura

Ahora que sabemos trabajar con archivos en MicroPython ha llegado el momento de generar el archivo con las medidas de la temperatura. Antes de hacerlo volvamos un momento al sensor que programamos en el capítulo anterior. Vamos a usar el mismo montaje y el mismo código que entonces, salvo una pequeña modificación: juntaremos en una función todas las instrucciones relacionadas con la medida de la temperatura. La función `medir_temperatura()` que mostramos a continuación devuelve el valor medido por el sensor, con una cifra decimal. Si se usa la Raspberry Pi Pico hay que sustituir la medida del voltaje por la instrucción `voltaje = TMP36.read_u16()*3.3/65535`; además se debe cambiar el GPIO14 por otro que tenga funcionalidad ADC (el GPIO 26, 27 o 28).

```python
from machine import Pin, ADC
from time import sleep
TMP36 = ADC(Pin(14))
def medir_temperatura():
    i = 1
    suma = 0
    num = 20
    while i <= num:
        voltaje = TMP36.read_uv()/1000000
        suma += voltaje
```

```
    i += 1
voltaje_medio = suma/num
temperatura = round((voltaje_medio - 0.5)*100, 1)
return temperatura
```

Por ahora el programa no hace nada, ya que simplemente hemos definido la función `medir_temperatura()` pero no la hemos llamado. Podemos comprobar que todo funciona correctamente imprimiendo el valor devuelto por la función

```
while True:
    print(medir_temperatura())
    sleep(1)
```

El bucle `while True` que hemos añadido llama a la función `medir_temperatura()` y muestra en el REPL la temperatura actualizada cada segundo. Lo que tenemos que conseguir ahora es que esa temperatura se guarde en un archivo.

10.8 El *data logger* en versión minimalista

Modificar el programa anterior para que el valor devuelto por `medir_temperatura()` se guarde en un archivo no debería suponer ningún problema. Solo hay que cambiar el contenido del bucle para que, en lugar de imprimir la temperatura, escriba el valor en el archivo. Una posible solución es la que mostramos a continuación.

```
while True:
    with open("datos.csv", "a") as archivo:
        archivo.write(str(medir_temperatura()))
        archivo.write("\n")
    sleep(1)
```

Le hemos puesto al archivo el nombre `datos.csv`. Dado que los datos serán posteriormente analizados para extraer conclusiones, es conveniente que los escribamos de forma que puedan ser fácilmente procesados. Un formato ampliamente utilizado para guardar tablas de datos es el `csv` (de *comma-separated values* o "valores separados por comas"). Además de ser compatible con hojas de cálculo y herramientas de software estadístico, un archivo `csv` se puede abrir con cualquier editor de texto, ya que no es más que un archivo de texto plano. Aunque este tipo de archivos suelen llevar la extensión `.csv` en su nombre, también se pueden guardar con la extensión `.txt` si se prefiere.

La función `medir_temperatura()` devuelve un valor de tipo `float` (un número real) con la temperatura medida por el sensor. Este es el valor que queremos guardar en el archivo, pero hay un problema: el método `write()` solo acepta como argumento una cadena de caracteres. Para solucionarlo hemos utilizado la función `str()`, que transforma el argumento en una cadena de caracteres.

Por otro lado, en el formato `csv` los datos medidos se organizan en filas que se separan entre sí introduciendo un salto de línea, `"\n"`. Dado que `write()` no añade el salto de línea automáticamente, tenemos que escribirlo explícitamente para que cada medida quede en una línea diferente.

Actualizamos el programa de medida de temperatura con este bucle `while` y lo ejecutamos desde el editor. Dejamos que se guarden varios valores y, al cabo de unos segundos, paramos la ejecución pulsando Stop. Si todo ha ido bien se ha creado el archivo `datos.csv` en el directorio raíz del sistema de archivos de la placa.

El archivo de datos

Comprobemos que el archivo se ha creado correctamente escribiendo las siguientes instrucciones en el REPL.

```
>>> import os
>>> "datos.csv" in os.listdir()
True
```

Veamos cuál es su contenido.

```
>>> with open("datos.csv", "r") as archivo:
...     archivo.read()
'27.7\n27.7\n27.8\n27.7\n27.7\n27.7\n27.8\n27.7\n27.7\n27.6\n'
```

El archivo contiene lo esperado: varios valores de la temperatura, separados por un salto de línea, \n.

Para ver el contenido del archivo también podemos abrirlo desde el propio entorno de programación. En Thonny, en el panel donde se muestra el contenido del *filesystem*, hacemos clic con el botón derecho del ratón sobre el nombre del archivo (si no aparece el archivo hay que refrescar la visualización del panel). En el menú contextual que se despliega escogemos "Abrir en Thonny" y se abre el documento: vemos los datos escritos en un documento de texto "normal", cada uno en una línea.

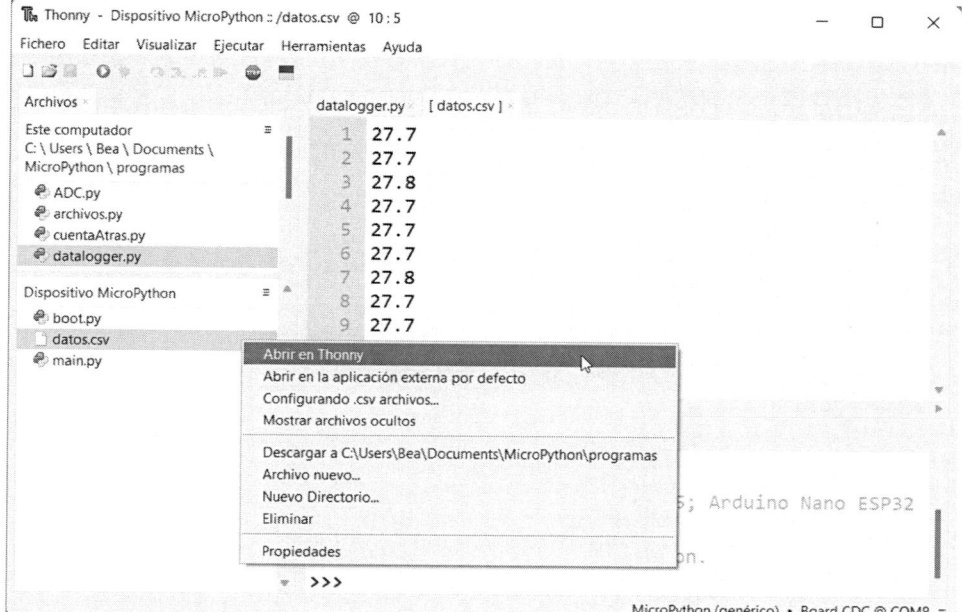

Figura 10.3 Cómo ver el contenido del archivo en Thonny.

Descargar el archivo

Una funcionalidad imprescindible en un *data logger* es que nos permita descargar en el ordenador el archivo con los datos. Esto debemos hacerlo desde el entorno de programación. En Thonny disponemos de varias opciones.

La primera opción consiste en guardar el archivo de datos igual que hicimos con los programas. Primero tenemos que abrir el archivo en el editor. Una vez abierto, en el menú "Archivo" escogemos "Guardar como...". Aparece el menú donde se nos pregunta si deseamos guardarlo en el ordenador o en el dispositivo. Escogemos el ordenador y, en el nuevo menú que aparece, buscamos la ubicación que deseemos. Hacemos clic en "Guardar" y el archivo se descarga en el disco duro.

Otra opción consiste en hacer clic con el botón derecho del ratón sobre el nombre del archivo en el panel del dispositivo, y en el menú contextual escoger la opción de descargarlo al disco duro (aparece por defecto la ubicación que esté seleccionada en el panel "Archivos"). Así de fácil.

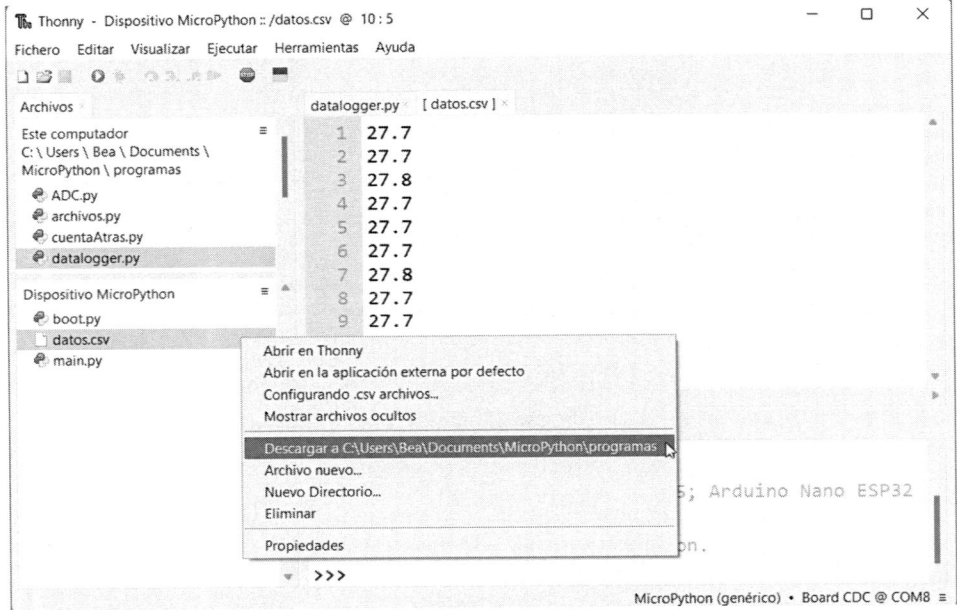

Figura 10.4 Cómo descargar el archivo al disco duro.

Con esto ya hemos logrado cumplir el objetivo que nos habíamos marcado: guardar en un archivo los valores medidos por un sensor. ¡Buen trabajo! Sin embargo, a pesar de lo logrado, aún queda mucho trabajo por hacer. Esta versión es lo mínimo que necesitamos para tener un *data logger* funcional, pero hay muchos aspectos que se pueden mejorar. Sigamos leyendo.

10.9 El nombre del archivo

Empecemos con las mejoras. Hemos abierto el archivo en modo *append* para que cada dato medido se añada a continuación de los anteriores. Esto está muy bien si usamos el *data logger* para hacer una única toma de datos. Pero si queremos tomar más medidas —en instantes diferentes o en otra localización— y no hemos borrado el archivo anterior, los nuevos datos se añadirán al mismo archivo, algo que en muchas ocasiones no es deseable. Veamos cómo podemos hacer para que, cada vez que se inicia una nueva toma de datos, las medidas se guarden en un archivo diferente.

La estrategia para conseguirlo se basa en una simple comprobación. Antes de crear el archivo `datos.csv`, comprobamos si ya existe. Si no existe, se crea. Pero si ya existe un archivo con ese nombre (porque ya se ejecutó el *data logger* con anterioridad y no se borró el archivo), entonces creamos un nuevo archivo llamado `datos(1).csv` para guardar los nuevos datos. Y así sucesivamente.

Pongamos, pues, las siguientes instrucciones al principio del programa.

```
import os
nombre = "datos"
extension = "csv"
ARCHIVO = nombre + "." + extension
i = 1
while ARCHIVO in os.listdir():
    ARCHIVO = "{}({}).{}".format(nombre, i, extension)
    i += 1
```

BEATRIZ PADÍN / ADRIANA DAPENA

El nombre del archivo, que hemos llamado `ARCHIVO`, lo escribimos en tres partes: el nombre, el punto y la extensión. En el bucle `while` comprobamos si ya existe un archivo con ese nombre. Si no existe —es decir, si `ARCHIVO in os.listdir()` es `False`— las instrucciones del bucle no se ejecutan (porque la condición es falsa) y el programa sigue; el nombre del archivo no cambia y es, por tanto, `datos.csv`. En el caso de que la condición sea verdadera —porque ya existe un archivo con ese nombre— se ejecutan las instrucciones del bucle. La primera de ellas asigna a `ARCHIVO` el nombre con el valor de `i` entre paréntesis. Inicialmente `i=1`; entonces el nombre será `datos(1).csv`; en la siguiente instrucción se incrementa en 1 el valor de `i` (ahora `i=2`). Como estamos dentro de un bucle, antes de salir se vuelve a comprobar si la condición es cierta. Si es falsa, se sale del bucle y ya tenemos el nuevo nombre del archivo, `datos(1).csv`. Pero si `datos(1).csv` ya existía, se vuelve a ejecutar el bucle: a `ARCHIVO` se le asigna un nuevo nombre, `datos(2).csv`, e `i=3`. De nuevo se vuelve a la comprobación, y vuelta a empezar hasta que se obtenga un nombre que no existe en el sistema de archivos de la placa.

La función `format` actúa sobre una cadena de caracteres. Tiene tantos argumentos como pares de llaves (`{}`) aparecen en la cadena de caracteres. Cuando se ejecuta, cada par de llaves es sustituido, en orden, por el argumento correspondiente. Por tanto, en la instrucción `"{}({}).{}".format(nombre, i, extension)`, en el lugar donde está el primer par de llaves se escribe el valor de la variable `nombre` (el primer argumento de `format`), en el segundo par de llaves se pone el valor de `i` (el segundo argumento) y en el tercero la `extension` (el tercer argumento de `format`). El resto de caracteres de la cadena se dejan como estaban.

Se puede obtener el mismo resultado utilizando el operador +:

Si añadimos las instrucciones anteriores al programa del *data logger* y ponemos `ARCHIVO` como nombre del archivo en la instrucción `open()`, al ejecutarlo varias veces vemos cómo cada vez se crea un nuevo archivo con numeración consecutiva.

10.10 Añadir feedback

Al igual que en muchos de los proyectos anteriores, pretendemos conseguir un dispositivo que sea independiente del ordenador. Procedamos entonces. Guardamos el programa en la placa con el nombre `main.py` y, con la placa conectada a una fuente de alimentación —como un *power bank*—, el *data logger* se ejecuta cada vez que se resetea la placa (al pulsar el botón de Reset o al desconectarla de la corriente y volverla a conectar). Inmediatamente, el dispositivo se pone a tomar medidas, guardándolas en un archivo. Pero, un momento. ¿Cómo podemos estar seguros de que el *data logger* está funcionando? Estaría bien recibir algún tipo de confirmación de que el programa está efectivamente tomando medidas.

Cuando se diseña algún aparato es conveniente añadir un feedback que informe al usuario de que las cosas están funcionando como era esperado. Esto se puede llevar a cabo de distintas maneras. En nuestro caso, lo más sencillo y efectivo es añadir un led que parpadee cada vez que se toma una medida. Esta señal no nos garantiza que las medidas se estén tomando correctamente, pero por lo menos nos informa de que el programa funciona.

Como ejercicio, proponemos a los lectores que añadan este elemento al *data logger,* ya que, sin duda, le dará un aspecto mucho más profesional. La solución, en el próximo apartado.

10.11 El *data logger* final

Reunamos en un programa los "trozos" del *data logger* que hemos ido desarrollando a lo largo del capítulo. Para darle una estructura más modular al programa, además de la función para medir la temperatura, hemos creado otras dos, una para guardar los datos en el archivo y otra para hacer parpadear el led. Veamos cómo queda.

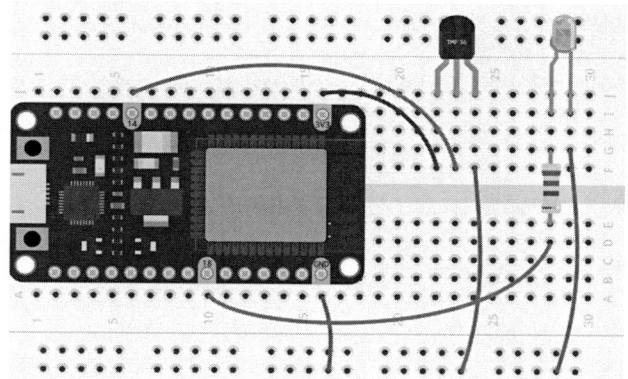

Figura 10.5 Montaje del circuito.

La configuración

En primer lugar, se recogen las instrucciones que configuran los diferentes elementos: se importan los módulos necesarios; se crea el objeto TMP36 como abstracción del sensor de temperatura (que está conectado en el GPIO14), y se crea el objeto LED asociado al led (se ha conectado en el GPIO18). Así mismo, se establece la variable INTERVALO con el tiempo de espera entre medidas, en segundos.

```
import os
from machine import Pin, ADC
from time import sleep, sleep_ms
TMP36 = ADC(Pin(14))
LED = Pin(18, Pin.OUT, value=0)
INTERVALO = 1
```

BEATRIZ PADÍN / ADRIANA DAPENA

El archivo de datos

Se añaden las instrucciones para numerar de manera correlativa los archivos de datos. El nombre del archivo se guarda en la variable ARCHIVO.

```
nombre = "datos"
extension = "csv"
ARCHIVO = nombre + "." + extension
i = 1
while ARCHIVO in os.listdir():
    ARCHIVO = "{}({}).{}".format(nombre, i, extension)
    i += 1
```

Medida de la temperatura

Se define la función medir_temperatura(), que devuelve la temperatura medida por el sensor. Si se usa la Raspberry Pi Pico, la función de cálculo del voltaje debe cambiarse por voltaje = TMP36.read_u16()*3.3/65535.

```
def medir_temperatura():
    i = 1
    suma = 0
    num = 20
    while i <= num:
        voltaje = TMP36.read_uv()/1000000
        suma += voltaje
        i += 1
```

```
voltaje_medio = suma/num
temperatura = round((voltaje_medio - 0.5)*100, 1)
return temperatura
```

Escritura en el archivo

La función `escribir_temperatura()` se encarga de guardar los datos en el archivo. Primero se abre el archivo con el nombre creado al principio del programa. A continuación, se llama a la función `medir_temperatura()` para obtener el valor de la temperatura y se escribe este valor en el archivo. Finalmente se añade un salto de línea.

```
def escribir_temperatura():
    with open(ARCHIVO, "a") as archivo:
        archivo.write(str(medir_temperatura()))
        archivo.write("\n")
```

El led

Para hacer que el led parpadee se crea la función `parpadeo()`, que enciende el led durante 50 milisegundos y lo vuelve a apagar.

```
def parpadeo():
    LED.value(1)
    sleep_ms(50)
    LED.value(0)
```

El bucle

Para finalizar, en el bucle `while True` se llama a las funciones anteriores con la periodicidad indicada en la variable `INTERVALO`.

```
while True:
    parpadeo()
    escribir_temperatura()
    sleep(INTERVALO)
```

Los datos

Se escriben las instrucciones anteriores en el orden indicado y se sube el programa a la placa con el nombre `main.py`. En el momento en que la placa recibe corriente comienza la toma de datos. Una vez finalizada la recogida de datos, se conecta la placa al ordenador y, usando el entorno de programación, se descarga el archivo creado. Ya tenemos un *data logger* perfectamente funcional para hacer un seguimiento de la temperatura.

¿Algo más?

Aunque esta versión del *data logger* sirve perfectamente para aplicaciones sencillas —y, sobre todo, nos ha servido para introducir una funcionalidad interesantísima de los microcontroladores—, sigue siendo un prototipo bastante limitado. Proponemos posibles mejoras y ampliaciones que se pueden afrontar con los conocimientos adquiridos a lo largo de este manual.

- El tiempo de espera entre medidas se ha establecido en la función `sleep()`. Sin embargo, ya hemos comentado que el tiempo así medido es aproximado. Para aplicaciones en las que sea necesaria una medida más precisa del tiempo se puede llevar cuenta del tiempo con la función `ticks_ms()` o usando un *timer*.

- En caso de que la medida del tiempo sea relevante, se puede añadir en el archivo de datos el instante en que se ha medido cada dato.

- La toma de datos comienza en el momento en que se conecta el *data logger* a una fuente de alimentación. Se puede añadir un pulsador para que se empiecen a guardar los datos en el momento en que se pulse el botón.

- Investigando un poco en el módulo os, se puede comprobar el tamaño del archivo generado; de este modo puede encenderse un led de aviso cuando el archivo supere un determinado tamaño.

- Y cualquier otra modificación que sirva para adaptar el proyecto a una aplicación específica.

En resumen

Este capítulo lo hemos dedicado a una funcionalidad muy especial de los microcontroladores con los que hemos trabajado: la posibilidad de utilizar una memoria de almacenamiento persistente —la memoria *flash*— para guardar datos en el dispositivo. Hemos aprendido a usar el módulo os para analizar el contenido del *filesystem* de la placa. Así mismo, hemos creado archivos en el sistema de archivos de la placa y hemos visto cómo escribir en ellos y cómo leer su contenido. Finalmente, hemos utilizado un sensor de temperatura para fabricar un *data logger* que recoge periódicamente en un archivo de datos la temperatura medida por el sensor.

Lista de materiales

Para poder tener todo junto y listo para realizar los proyectos de este libro, presentamos a continuación la lista de materiales necesarios:

- **Microcontrolador**. Puede elegirse entre:
  - ESP32 DevKit.
  - Raspberry Pi Pico W (aunque en este libro no utilizaremos wifi, sugerimos adquirir la versión W para proyectos futuros).
  - Arduino Nano ESP32.
- **Placa de montaje** (*protoboard* o *breadboard*).
- **Cables de conexión** (unos 12 serán suficientes).
- **Ledes individuales**: uno verde y uno rojo.
- **Diodo led tricolor RGB** (preferiblemente con resistencias internas).
- **Tres pulsadores *switch*.**
- **Tres resistencias de 220 Ω.**
- **Un zumbador piezoeléctrico pasivo o un altavoz** (puede reutilizarse uno de un juguete, casco o móvil).

- **Sensor analógico de temperatura TMP36** (en encapsulado TO-92).
- (Opcional) Otros dos zumbadores piezoelécticos pasivos.
- (Opcional) Termistor NTC con resistencia externa integrada (módulo KY-013).

Nuevos retos

Ha llegado el momento de utilizar nuestra creatividad para desarrollar nuevos proyectos. Para comenzar, en este capítulo proponemos cuatro ideas basadas en los proyectos que hemos visto en los capítulos anteriores, pero con pequeños cambios, que pueden probarse con otros elementos como sensores de humedad, fotoresistencias, etc. Para cada proyecto, incluimos un esquema del circuito (existen muchas posibilidades), pero la creación del programa en MicroPython es un reto que dejamos abierto para aplicar lo aprendido.

B.1 Timbre adaptado

En el diseño de dispositivos, es muy importante tener en cuenta las capacidades de las personas que los van a utilizar. ¿Cómo podemos hacer que un timbre sea útil para personas con problemas auditivos? Se nos ocurre que, al pulsar el botón, se activen simultáneamente un pitido y una señal luminosa. Para construir este timbre, necesitamos un led, una resistencia de 220 Ω, un pulsador y un zumbador piezoeléctrico pasivo.

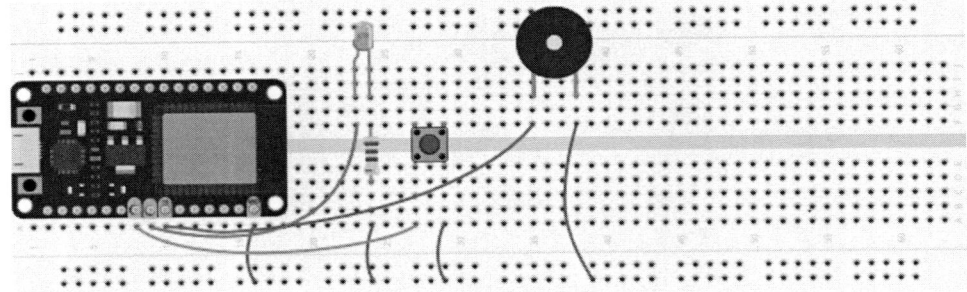

Figura B.1 Timbre adaptado.

B.2 Instrumento musical

Vamos a construir un instrumento musical que tenga solo tres tonos diferentes (aunque podremos añadir más). Usaremos tres pulsadores. ¿Cuántos zumbadores piezoeléctricos pasivos necesitamos? Si nos basta con que suene un tono a la vez, necesitamos uno. Pero si queremos que sea multitono (polifónico), necesitaremos tres.

¿Tocamos "Hot Cross Buns" (versión para flauta dulce)?

Si La Sol | Si La Sol | Sol Sol Sol Sol La La La | Si La Sol

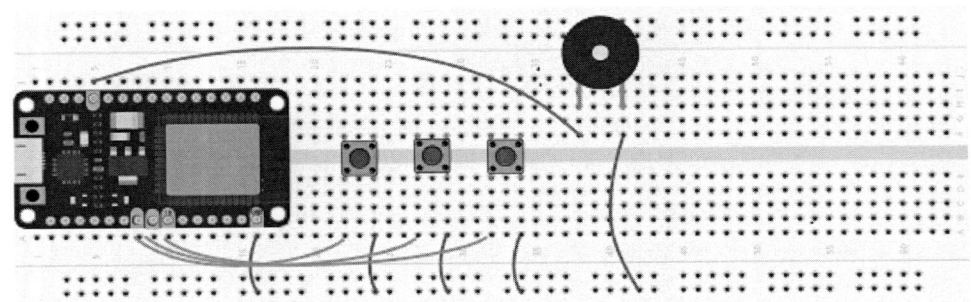

Figura B.2. Instrumento musical monotono.

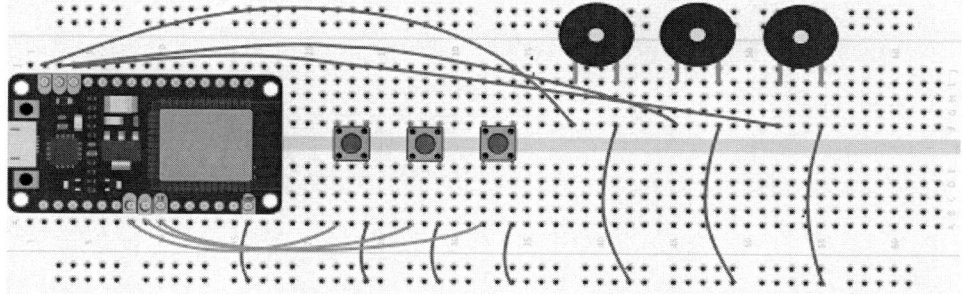

Figura B.3 Instrumento musical multitono.

B.3 Termómetro con luces

Este termómetro nos mostrará un color (azul, verde o rojo) dependiendo del rango donde está la temperatura actual. Necesitamos un diodo led RGB (o un led de cada color), tres resistencias de 220 Ω y un sensor analógico de temperatura TMP36.

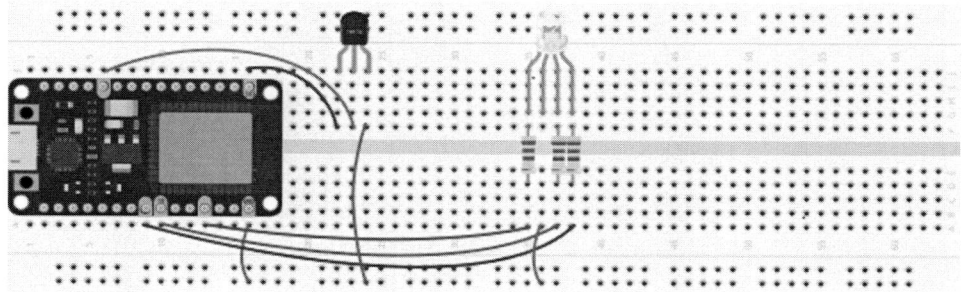

Figura B.4 Termómetro con luces.

B.4 Alarma de nevera abierta

Las alarmas que avisan de un descenso de temperatura en la nevera — casi siempre debido a que la puerta queda abierta— son muy comunes hoy en día por su gran utilidad. En este proyecto construiremos un dispositivo que emitirá un pitido y encenderá una luz intermitente durante un minuto cuando se detecte la incidencia. Además, registrará en un fichero las medidas de temperatura durante ese tiempo. Necesitamos un led rojo, una resistencia de 220 Ω y un sensor analógico de temperatura TMP36.

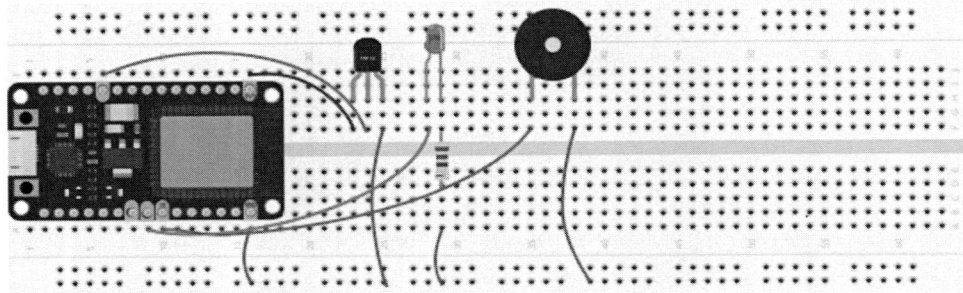

Figura B.5 Alarma de nevera abierta.